本書以天臺性修的原理而導入白毫觀的修法，
因此是以理導行，而證念佛三昧。
最後以「始終心要」之法旨來點示整個悟修的理行之本。

佛教淨土法要

宋智明◎著

#【目次】

自序——011
〈第一卷〉 淨土白毫觀修法——015
第一章 釋「是心作佛，是心是佛」義——017
第二章 淨土宗白毫觀修法述要——026
一、爲甚麼要修觀——027
二、爲甚麼要專觀白毫——028
三、白毫觀的基本修法——030
四、一心三觀的法義——035
第三章 古德有關淨土觀法的開示——039

一、普賢菩薩的開示——039
二、宋代知禮大師示淨土觀法——041
三、宋代遵式大師示淨土觀法——043
四、明代憨山大師示淨土觀法——044
第四章 〈始終心要〉淺講——046
一、修行的始終——047
二、修行的心要——048
三、三諦之理本自具足——048
四、無明、塵沙、見思的覆蔽——051
五、世尊的感歎——053
六、立法治病——055
七、觀相的次第——056
八、顯示圓融義——058
九、總結修證的整個過程——058
十、一切佛法的大綱——059

〈第二卷〉　淨土持念法要——061
論淨土法門的行持——063
淺談生淨土八法——066
念佛與往生——071
淨土念佛的四層工夫——074
淨土九級教學次第論——089
淨土法門的真意趣——100
覆某僧有關淨土解行書——117
談談淨土宗的幾個關鍵問題——143
淨土宗行人在病中的修持——154
淨土宗功課簡列——168
〈第三卷〉　回歸之路——171
家的超脫與回歸——173
漫談從生死解脫到返歸人生——177

走向生命的真實——182
世界就是你自己——188
論佛教解決人類問題的方法——190
你有煩惱嗎——211
佛家養生之道——217
體驗與信心——220
老年人的學佛方法——244

自序

淨土是佛的家，是菩薩依止安居的地方。我們已經沈淪了無量劫，隨業漂流，悲苦不盡。阿彌陀佛的因地法藏比丘，爲了使一切衆生有一個極其快樂、永不輪迴的家，於是發四十八願、經無數劫的勤苦修行，終於成就了西方極樂世界，成就了阿彌陀佛的無量光壽；終於如願以償地具足了寶池、蓮花、行樹、靈禽、寶閣乃至一生不退，皆成佛道的所有莊嚴與功德，這真是法界的光輝，是生命的奇觀，是佛德的妙嚴，是衆生的家園！

我一直浸潤在淨土之中，阿彌陀佛是我的智慧與光明的真量，蓮花是我的心地妙花，七寶池是我的清淨修德，行樹羅網是我的莊嚴；靈鳥顯示了音聲的傳法，空花詮指了真空妙有。淨土是妙明而莊嚴！西方十萬億國土如是體現在理行觀照的心中——觀德不孤，中有事用，無量光中的化身與化土，也必乘願海而泛舟，按引眾生到於彼岸。

這本《佛教淨土法要》，祇是淨土法海中的一艘小船，如能乘虛舟而直航，則煩波不興，速入蓮邦。

歷史上的淨土法門是《觀無量壽經》開始，菩提流支從印度來而授曇鸞，於是棄仙經而歸淨土。道綽繼其業而講《觀經》兩百遍；善導專修十六觀而作《觀經疏》，從此淨土始大弘東土。

本書的第一卷以天臺性修的原理而導入白毫觀的修法，因此是以理導行，而證念佛三昧。最後以〈始終心要〉之法旨來點示整個悟修的理行之本。

第二卷則專門介紹有關淨土的修持念佛的方法，以及如何纔能往生的原理與條件，其中包括行持、法規、工夫、教學、意趣、釋疑、病中修持以及功課等。

第三卷是以眾生亟盼回歸的心理而指示的回歸之路，甚麼是家？如何回歸？甚麼是人生？如何面對生死？乃至如何解決人類問題，走向生命的真實等等，正是本卷要闡述的內容。

淨土是極樂妙境，也是自心的明鏡，如能從淨土的信仰深入領解其中的真義，然後發大誓願，修於淨土的妙行，那麼，一切佛法盡攝其中，一切功德圓顯自心，於是必能明悟：淨土者自心之淨土，彌陀者自性之彌陀。從此妙花始發，光照無量，娑婆極樂，利濟無窮！

一九九八年六月十日，宋智明筆於溫州詳山精舍

淨土白毫觀修法

〈第一卷〉

第一章　釋「是心作佛，是心是佛」義

在佛教經論裏處處呈露出智慧的光輝，處於學處的佛弟子是應依據佛陀從果證上演示的教法去修習，方能逐步沿著正確的方向而悟證佛道。

佛曾在《觀無量壽經》裏面說：「是心作佛，是心是佛。」這便是我們學修佛法，尤其是在觀想的修持法上的兩條最根本的原則，把握這兩條原則，在修學時纔不致落於偏邪，亦纔能夠迅速獲得三昧的成就。

我們知道，心與佛是佛教裏最基本也是最重要的兩個概念，同時也是貫穿學修整個過程的核心問題。一切衆生都有心，而此心又是本具佛性的，那麼，怎樣的學修纔能成佛？所成的佛又有那些不同層次？這就是「是心作佛，是心是佛」這兩條原則所要闡釋的內容。

一、「是心」的內在含義

「是心」指的是現前一念即妄即真之心，一切修持活動都離不開「是心」的作用。因此，「是心」既有衆生界的種種煩惱，而又具諸佛心的清淨圓覺之性，修行也就是「是心」從迷轉悟，從妄顯真的一大過程。

《觀無量壽經》中云：

> 是心是佛，是心作佛。諸佛正徧知海，從心想生，是故應當一心繫念，諦觀彼佛。多陀阿伽度，阿羅訶，三藐三佛陀。

心想也就是第六意識的緣慮功能，即日用現前的思惟分別。因爲初修法的人不認識真心，所以，想下手做工夫也衹能依第六意識開始。著相輕的人可以直接從第六識的體性上去觀照，而著相重的人則須觀想佛國淨土的清淨相，從而轉化對染相的執著，逐步證入三昧。

由此可知，無論是直觀識心而見本性佛，或託他佛淨土以顯本性佛，卻都離不開「是心」的轉化之功。不過一個是觀於相的屬想心，一個觀於性的屬寂心，最後是異途同歸，都達到悟證三昧，成就佛道的結果。所以在三觀上雖有從相、性、圓照不二的三種不同，而立觀的內在基點都是「是心」的功能。

二、如何「作佛」

在「是心」的這一基點上，又如何去「作佛」呢？「作」是依於本性的德能而生起的修行之道，「佛」即全修是性的覺心本態，有因地與果位的差異。「作」也即是我們修持時的觀想或觀照，在通過觀想或觀照的一步步深入，則修德也就逐步開顯，所以在修行者的心中就有不同層次的境界與悟證。玆從「作」的角度將境界分爲業識與真心的兩個層次：

㈠、淨心能感他方應佛

修行人通過觀想，心地逐漸清淨，煩惱雜念也已伏止，此時便能招感他方果地佛垂示應化身來入心中，加持慈照。因爲諸佛的法身本來沒有色相，由於衆生修持所達到的清淨心地，在業識未完全斷盡之前，於是就依這業識的緣影功能力，熏於果佛的法身智海，所以在心中便呈現了果佛的殊勝的應化身，以及淨土莊嚴的色相，或者有各種法音與異香等的感應事蹟。

㈡、三昧能成自己果佛

修行者通過觀照，深證念佛三昧，頓斷業識流注，煩惑消除，心地開明，此時自他一體，相即無相，便由妄心之境而證入真心妙用，所以在三昧力上自己也最終圓成果地佛的一切功德妙用。

以上兩個層次是「作」的境界：

第一層是在觀想中，以清淨心而感「作」他佛來應，是未證三昧以前的現象。

第二層是在觀照心中，以清淨心而悟「作」自佛開顯，是證得念佛三昧後的真實境界。

由這兩層的境界可以明白，果佛是從修證而圓成，並非說衆生有了佛性就自然會成佛。所以學佛者應是即「是心」而努力去「作佛」，「全性而成修」，方能由觀想而證菩提。

三、何謂「是佛」

「作佛」是從「全性成修」的一邊而言，而「是佛」則從「全修成性」的角度而論。這「是心」怎樣纔算是「是佛」呢？

「是佛」雖也站在業識與真心所現所證的兩個層次上來立論，但它更重在說明一切功行境界上所出現的感應與實證，都是不離心的，也即是說當下「是心」的。這一目的無非是打破修行者對於現境與證境產生相對分別之心，從而融入不即不離的中道正悟之中。

「是佛」的兩層境界如下：

㈠、心即應佛

前面「作佛」的第一層次，說到佛的法身本來無相，由於衆生業識清淨心招感的緣故，而有應身佛的現前之境。那麼，心與佛、有與無，都完全是不同的對立面。此時，修行人要在「是佛」的一面去消泯這相對立的隔礙見解，應明確悟解現前觀想之心，當下全體即是應化之佛身，除此之外，更無他方的應化之佛身。於是在觀想之中，不取不捨、安然不動，就能於觀想中直證念佛三昧了。所以心佛不二、一體無殊的原則，便是「是心」即是應佛的「是佛」義。

㈡、心即果佛

前面「作佛」第二層次，是說修行者通過觀照而證三昧，而這不免會產生三昧是由於觀照而得成就，同樣就有了修與證、心與佛的相對立的法執，對深達實相便就有罣礙。因此，應悟知衆生之心本具果覺心一切功德妙用，成佛不是靠修行的因緣，三昧正受是衆生本然的狀態，於是在三昧而不執三昧，於觀照而不落觀照的痕迹，一心無寄，湛然清淨，慧光普照。於此無執明淨心中，即有一尊如來跏趺安坐，無來無去，非自非他，正在此時，當下即是果佛，何必等待當來之世而成佛？如仍存修證之覺，等待之念，則於佛道必又退轉了。

以上兩層境界的應佛與果佛，都是當下「是心」的，而這「是心」的當下，没有相對的執著，不落於修證的痕迹，在修證心中，本來全體「是佛」的，所以全部修德全都融入性德而消泯執著，超然無住、無爲，這即是「全修成性」之義。

四、「作」與「是」的三觀義

以天臺宗的三觀義去觀照「作」與「是」的兩番意境，更顯得觀法的完備與殊勝。

㈠、「作」的空觀義

正在觀想時，了知能觀之心與所觀之法，都了不可得，不生情見、分別等的計著之念，在觀相分明的同時，又即一念不生，無我無法。當於觀境上忽起一念時，立即用空來破除掃蕩，或輕念一聲「斷」來轉而化空，使心境雙泯，入於空寂。

㈡、「作」的假觀義

假觀即是觀想佛國淨土的妙德，從而轉移一切世俗的雜念與幻覺。因此，要使觀想之心明顯地住在妙境上專一不移，了了分明，相應不離，淨照相續，必須是心與境合一之後，纔能轉凡成聖，開顯本覺。

㈢、「作」的中觀義

在「空」與「假」二邊作觀時，因為一是掃蕩，一是建立，往往會一邊倒，產生偏頗的心理——偏於「空」觀則易入昏沈無記，偏於「假」者又會生起亂想煩惱，所以都是功行中的用心之道，未能證入三昧。此時應用「中觀」來消泯住空住假的偏頗心理，既不破亦不立，一心融絕二邊的痕迹，湛然不動，自然無為，則了了分明之際，正是一念不生之時，即觀離觀，即法無法；由無分別的正智妙觀之力，剎那之間直入念佛三昧，深達無生之體！

總而言之，「作」中有「是」，「是」中有「作」，從因至果，從果至因，一一都體現了三觀的妙義。因此，從「全是而作」的角度來看，三諦既是破又是立；從「全作而是」的角度來說，三諦即不是破亦不是立。如在一切觀修之中，自始至終符合於中觀的無爲直覺的照用來適當地進行「破」或「立」，纔是一切修法過程中的關鍵要妙。

「是心作佛，是心是佛」的兩條原則——觀修原則，其意義極爲深遠，是一切觀修行持的準繩，如果能深入理解「作」與「是」的內在真義，然後依此去一心一意地進行修習佛法，則必能得到事半功倍，速證三昧的利益。

第二章　淨土宗白毫觀修法述要

淨土宗修持法門有持名、觀想、觀像、實相的四種方法，其中以持名最爲普遍，而智慧較高者，亦有融實相念佛於持名之中——即持名即實相之雙融。但因爲淨土觀門境細之故，使歷史上許多淨業行人由斯得證三昧的妙觀之門，在目前已少有人問津了，甚者因不知淨土法門之廣大精微，於念佛不得力時，卻往往棄淨土而行他徑，如求密、禪諸乘，可又因不得旨，未能專一深入，致使枉費工夫。此乃未知識家珍而棄家出走者，實可悲歎矣。

今因見淨土行人如此流浪，故撰〈白毫觀法〉一文，旨在提倡淨土妙觀，使淨業行人識取家珍，依法行持，即生獲證三昧，臨終往生樂邦，方不負佛恩與自己的一期信願！

一、爲甚麼要修觀

許多人認爲淨土宗，祇要念佛名號即可，修觀是雜用心，不利專一而行。當然，淨土宗持名念佛是最方便最易修的大衆化的行門，現在持名的人很多、很普遍，其中不乏得證念佛三昧之益者，但除四句洪名的功德妙能外，也同樣不能忽視同是釋迦佛說的十六觀法。因爲所念者乃佛之名號，所觀者爲佛之身，名號之持屬於耳根圓通，而觀佛淨土乃是意根之修，故入道法徑有別，雙兼而修，或專一而持，均可以證三昧而往生淨土。特別是根器較利而於持名一途久難得益者，即可專修淨土觀法，必獲大利益。

因爲修觀是依託淨土佛境的，故先以妄心託境而成初步清淨，再轉妄心越對待而成三昧之證，於修習時即有轉塵勞煩惱爲淨土清淨之功，如能悉心體會，深入修持，必能得證「身在娑婆，神棲淨土」之法樂。

況且目前密宗流行，許多念佛人改修密宗的月輪觀等，如棄淨土念佛之行，轉修他法，不如兼修本宗的觀法，使觀念一致，心境相應，速證三昧。

又者，有些修淨土者，因缺乏現生的證驗而生退卻，有的以禪理爲逍遙之樂，有的練氣功求長壽健身之效，殊不知淨土乃末法時代唯一出苦捷徑，證道妙法，如不依此而修，終是路途往返，難至歸家穩坐，圓證不退。試看徹悟禪師等歷史上許多禪者，末後一著，都導歸淨土；曇鸞大師初得仙經十卷，因閱《觀經》而悟爲真長生之法，我們豈能因小失大，自喪光陰？要獲得即生對道的證驗並不難，淨土觀門自有勝妙之功能，其中功德三昧之樂，不親證者，焉得知曉？

二、爲甚麼要專觀白毫

在《觀經》中，佛說有落日、懸鼓、大水結冰、琉璃寶地，七重行樹，八功德水，總觀依報以及佛住空中，蓮花寶座、像觀等觀境，而白毫一相僅爲真身觀中阿彌陀佛三十二相中的一相。那麼，爲甚麼不依次第而觀，而專修白毫呢？因爲白毫具有與其他觀境不同的殊妙功德，如《觀佛三昧海經》中說：

佛初生時，毫長五尺，苦行時，長一丈四尺，得佛時，長一丈五尺。

因此，白毫之相是佛功德成就的象徵。白毫如白色的琉璃筒，內外清淨，象徵著一切俱空，而在空中，映現出佛從初發心開始，到中間的種種修行，種種相貌，乃至佛一次次地入涅槃的一切功德。因此，具有妙假的功能。白毫在二眉之間，則表示中道不二的真常之德。白毫相的柔軟表示涅槃的絕待之樂，卷舒自在表示絕待我，白色表示真淨之體，白毫放出光明破一切暗，表示中道能生智慧；此光照此土他土，表示自覺覺他的妙行。佛在說《法華經》之前，是先放白毫光，引起衆人求無上妙道之心，故有開權顯實，會三歸一之大法傳世。

佛在《觀經》中也明顯闡釋說：

……無量壽佛，身相光明，阿難！當知無量壽佛身，如百千萬億夜摩天，閻浮檀金色，佛身高六十萬億那由他恆河沙由旬。眉間白毫，右旋宛轉，如五須彌山……。觀無量壽佛者，從一相好入，但觀眉間白毫；極令明了，見眉間白毫相者，八萬四千相好，自然當現；見無量壽佛者，即見十方無量諸佛，得見無量諸佛故，諸佛現前授記，是爲遍觀一切色身相，名第九觀。作是觀者，名爲正觀，若他觀者，名爲邪觀。

可見，白毫不僅具有上述的功德，而且專修白毫一觀，到成就時，「八萬四千相好，以及十方無量諸佛，均能一一於清淨心中開顯」，更妙的是，還能得到諸佛現前授記，與法華諸弟子受佛之記相同，可謂是末法時代最殊妙的法門了，此不僅僅是具備了淨土即生與往生的二大利益，且能包融禪、密、天臺各宗的道驗（因為白毫的單一色微妙光明，容易開發本性妙慧，成就三昧故），所以佛在《觀經》中開示說：「從一相好入，但觀眉間白毫。」而後慈雲懺主、興教大師等也都力倡白毫觀，爲的也就是使淨土行人早證三昧，成就淨業。

三、白毫觀的基本修法

佈置一間淨室，西面安立一尊阿彌陀佛莊嚴聖像，並供《觀無量壽經》一卷，其他供果香燈，可隨喜方便供養。一日安排一次至二次修觀，其餘時間應稱念阿彌陀佛名號，專禮阿彌陀佛，初期階段也可從加修〈大悲咒〉、〈阿彌陀佛心咒〉、《拔一切業障根本得生淨土陀羅尼》等。

在規定時間內正修觀想前，應在心中存想三寶，以求慈悲加持，禮佛之後，恭敬地跪在佛前，心中應懇切默默發如下大願：

我與法界一切衆生以及諸佛、菩薩的性體本來不二，但我與衆生在迷，諸佛已悟，我今修白毫觀法，願普為法界衆生，求生安養淨土。

發願之後，再禮佛三拜，然後繞佛數匝，心中默持佛號，待氣息已平，慢慢地坐於座上，調和身、息、心，使身心均感安詳和順，即可進入正觀的修習。

正觀修習簡單地分為五個層次，由於境細之故，難以用文字詳述，所以其中微細境相及其過程，全憑修持者自己去體會，如能得善知識親臨指導，則進步更為穩速。

現將修法略述如下：

(一)、第一層觀想

調和結束後，手結法界定印，心中先持阿彌陀佛名號片刻，心念已經收攝後，即放下名號，以視覺的直線平行的虛空中，觀想一尊阿彌陀佛丈六金身立於蓮花之上。初觀時以淨室所供的佛像作觀境，即觀像中佛立於虛空中，到了觀想分明時，此像漸漸化大，愈顯莊嚴，成丈六的立體型的真金色的佛三十二相，並各相好一一清楚，明了現前。此時再無身心世界，一切均已放下，唯此所觀之佛相莊嚴，常住虛空之中。

第一層的觀想，不論經過多少次的修習，一直到佛相明了現前時，方可轉入第二層的白毫觀法中去。

(二)、第二層觀想

佛三十二相既已觀成，即可進修白毫妙觀了。入座之後，先觀丈六金身，完全顯現時，把心念集中於佛的兩眉之間，觀想有一珂雪一般潔白色的微妙毫相，長約一丈五尺，周圍五寸，白毫的外表有八個棱面，一一棱面均發出光明。白毫的內部是虛通透明，而此白毫又是以眉間為中心，向右方成旋轉之型，其微妙的光明照耀著阿彌陀佛的金色聖容，一一面相清楚分明，瑩淨明澈。

對上述的白毫之相，有了總體的理解後，即可在觀想時慢慢出現其相，並逐漸清楚分明，此時應把心念住在白毫之相中，不使偏離，並把阿彌陀佛金身虛化，似有非有一般，而心念的重心就堅固地住在白毫之中，不使移轉。如此久久修習，心念漸得明了，妄想皆歇，寂靜之中，獲得清淨的法樂。但因心有所住，仍不離實有之執，故無法超越對待之相，所以應進趣第三層的無住之修了。

㈢、第三層觀想

每次座中修習時，白毫光明明了現前，自覺清淨輕安。此時應明白凡所有相皆是虛妄，所有的感覺也是意識分別作用。因此，能觀之心本空，所觀之境亦無，既不住於心，也不住境，如鏡中像、水中月，如夢如幻。如此在細心中作意思惟，就能遣除實有之執，心念便不落在幻妄的知見中，不再隨境遷流，也不被感覺牽著走，而是正在明了觀想之時，心中了無一法當情，無住生心，於是即入於真實的妙觀之門了。除妄是一種善巧方便，不可以善巧方便為真實，故在破執之後，還應進入第四層的中道真境。

㈣、第四層觀想

雖在上法中了知心境是空，但不妨在此空中方便起於妙假之觀，所以不取斷滅偏滯之空為真實，心中仍然明了現前即空的白毫妙相，而不留一絲分別執取，如此久久修習，心念愈空，境相也愈妙，在層層體入之際，忽然在因緣時節成熟之時，空假雙亡，心境頓絕，靈妙的實相真境、法界的中道之性，完全顯現，此刻即證入了不可思議的三昧正定法界。證三昧後，便得真實受用，而有第五層的不思議境界出現。

㈤、第五層觀想

修持者，初證三昧後，仍須修觀用功，以期保護不退，並不可隨便示人，而依然進修不怠。如果久久不退，當於正定之中，阿彌陀佛勝應身的八萬四千相好莊嚴，自然一一開顯，親見阿彌陀佛勝應之身現前，並見十方無量諸佛現前授記，成就微妙功德。因為安住三昧故，雖見諸佛現前，仍無住著，不生情想。而於自心靈妙之用，了達如空花幻影，去住自由，無礙自在！

以上五層次第的修習方法，各人的進程可能不一致，但其中最關鍵的是，切不可執著境界，否則，即有入偏的危險，因此，還須明白一心三觀的道理，以符合正觀法要。

四、一心三觀的法義

修習白毫觀的關鍵是甚麼？元代天臺宗興教大師在《淨土境觀要門》中提出了修觀過程中的關鍵要訣：

> 境爲妙假觀爲空，境觀雙亡即是中；亡照何曾有先後，一心融絕了無蹤！

白毫相是我們用功時所觀的境，此境乃一念心中所現，故是妙假，因一即一切故；了了分明照此白毫相的是一念能觀之心，這即妄即真的第六意識心，正觀此明了的白毫相對，不起分別執著，不著境相所染，故即觀之時，其心本空；而正空其心而照其境時，兩邊皆無所住，不住也不住，於是便雙亡此空假二邊的微細分別心相，頓了無心，中道直顯，迥絕根塵的一切相對痕迹，一體法界，靈明不昧，此即是修觀進入的三昧境界。

興教大師又在《淨土境觀要門》中詳細闡釋了修一心三觀的次第過程：

如觀白毫，一心一意，專想不移，了了分明；能了此境，具足萬法。此相爲從我身得？爲從我心得？佛不從我身得，不從我心得；不從我心得佛心，不從我心得佛色。何者？若是心，佛無心，若是色，佛無色，不可以色心求三菩提。所觀之境既空，能觀之觀亦寂，能所俱亡，不落情想。空雖不可得，隨念即見。如鏡照面，像現其中。又如比丘觀骨起種種光，此無持來者，亦無有此骨，皆意作耳。悉如幻化假，佛本不曾來，我無所至，心不自知心，心不自見心，心有想則癡，無想是泥洹（涅槃），是法不可示，皆念想所爲，設有念亦無所有耳！

初觀白毫時一心一意，專注其中，是攝心歸一的第一步方法。進一步了達此境本空，不生住著，則解脫了對境實執的繫縛，境既空，則能觀之心自然不立，寂然清淨。如此修習便能進入三昧正定的境界。

一境中具真、俗、中的三諦與一心中的空、假、中三觀，是天臺觀修的妙旨，而如此妙旨全在修者了達其義，善巧應用，使正觀之時，趣入正定。所以當正修之時，三觀應該是同時的，如能體一心三觀，就能頓了實相真境，因此，興教大師又闡釋圓頓妙旨說：

> 了了通達，不爲境所染，亡假也；了了通達，不爲智所淨，亡空也；非染非淨，境觀雙絕，能所頓亡，即是中道，何有前後耶？

由此可知，當我們在修觀之時，體達此能觀之心與所觀之境，了不可得，即是一空一切空，中假皆空的三觀俱空妙旨；如在修觀之時，體達此所觀之境宛然，能觀之心明澈，即是一假一切假，中空皆假的三觀俱假妙旨；若於正修之時，趣入空假雙亡，同時又雙照空假，無前無後的不二真際時，即是一中一切中，空假皆中的三觀俱中妙旨。證悟圓融三觀之時，無量功德於中開顯，淨土修證之道，也自然獲得成就，而自利利他的妙用，於三昧的不可思議中，可自在運用於無盡也！

第三章　古德有關淨土觀法的開示

關於淨土觀修法門的修習方法，在佛典及淨土聖賢錄中，有很多記載，茲摘錄其中精要的部分，以資學修此法者借鑑。

一、普賢菩薩的開示

爾時，世尊入三昧，名如來議不思境界。普賢菩薩告威德菩薩言：「若善男子、善女人，爲求無上菩提，發心欲證此三昧者，是人須先修智慧，以此三昧，由智慧得故。修智慧者，應離妄語、綺語及諸無益之事。

詣精舍中，睹佛形象，金色莊嚴，或純金色，身相具足，無量化佛在圓光中，次第而坐。即於像前，頭面禮足，作是思惟：我聞十方無量諸佛，今現在前。所謂一切義成佛、阿彌陀佛、寶幢佛、阿閦佛、毗盧遮那佛、寶月佛、寶光佛等。於彼諸佛，隨心所樂，尊重之處，生大淨信。想佛形象，作彼如來真實之身，恭敬尊重，如現前見，上下諦觀，一心不亂。往空閑處，端坐思惟，如佛現前，一手量許，心常繫念，不令忘失。若暫忘失，復應往觀。如是觀時，生極尊重恭敬之心，如佛真身，現在其前，了了明見，不復於彼作形象解。見已，即應於彼佛所，以妙花蔓，末香涂香，恭敬右繞，種種供養。彼應如是一心繫念，常如世尊，現其前住。然佛世尊，一切見者，一切聞者，一切知者，悉知我心。如是審復，想見成已，還詣空處，繫念在前，不令忘失。一心勤修，滿三七日，若福德者，即見如來現在其前。其有先世造惡業障，不得見者，若能一心精勤不退，更無異想，還得速見。何以故？若有爲求無上菩提，於一事中，專心修習，無不成辦。譬如有人，於大海中，飲一掬水，即爲已飲閻浮提中一切河水。菩薩若能修習此菩提海，則爲已修一切三昧諸地陀羅尼。是故應常勤修匪懈，離於放逸，繫念一心，要令自得現前見佛。

「如是修習，初見佛時，作是思惟：爲真佛耶？爲形象耶？知所見像，由想生故，乃至虛空，無端量處，一切真佛，皆亦如是。猶如虛空，平等無異。自心作佛，離心無佛。乃至三世一切諸佛，亦復如是，皆無所有，唯依自心。菩薩若能了知諸佛，及一切法，皆唯心量，得隨順忍，或入初地，捨身速生妙喜世界，或生極樂佛土中，常見如來，親承供養。」

（見《如來不思議境界經》）

二、宋代知禮大師示淨土觀法

觀者，總舉能觀，即十六觀也；無量壽者，舉所觀要，攝十五境也。且置能說，略明所說。能觀皆是一心三觀，所觀皆是三諦一境。毗盧遮那遍一切處，一切諸法皆是佛法。所謂衆生性德之佛，非自非他，非因非果。即是圓常大覺之體。故《起信論》云：「所言覺義者，謂心體離念，離念相者，等虛空界，無所不遍。法界一相，即是如來常住法身。依此法身。說名本覺。」故知果佛圓明之體，是我凡夫本具性德故。一切教所談行法，無不爲顯此覺體。故四三昧通名念佛。……雖俱念佛，而是通途，顯諸佛體。若此觀門，及般舟三昧，託彼安養依正之境，用微妙觀，專就彌陀，顯真佛體。雖託彼境，須知依正同居一心。心性遍周，無法不造，無法不具。若一毫法從心外生，則不名爲大乘觀也。……所言心性具一切法，造一切法者，實無能具所具，能造所造。即心是法，即法是心。能造因緣，及所造法，皆悉當處全是心性。是故今觀若依若正，乃法界心觀法界境，生於法界依正色心，是則名爲唯依、唯正、唯色、唯心、唯觀、唯境。故釋觀字，用一心三觀；釋無量壽，用一體三身。體宗力用，義並從圓，判教屬頓。……寄語行者，觀雖深妙，本被初心。若能進功，何憂不就。縱未入品，爲因亦强。生至彼邦，得預大會。所見依正，微妙難思。速入聖階，產生亦廣。……況塵境麤强，誠爲險處。故須外加事懺，內勤理觀，正助雙行，加願要制，必於寶刹，速證無生。今解觀門，其意在此。（見《觀無量壽佛經疏妙宗鈔》）

三、宋代遵式大師示淨土觀法

欲修往觀者，當於一處，繩牀西向，易觀想故，表正向故。跏趺端坐，頂脊相對，不昂不傴。調和氣息，定住其心。然所修觀門，經論甚多，初心凡夫，那能遍習？

今從要易，略示二種。於二種中，仍逐所宜，不必並用。其有於餘觀想熟者，任便。但得不離淨土法門，皆應修習。所言二種：

一者，扶普觀意。生已，自想即時所修，計功合生極樂世界。於蓮花中，結跏趺坐，作花合想，作花開想。當花開時，有五百色光來照身想。作眼目開想，見佛菩薩及國土想。即於佛前，坐聽妙法，及聞一切音聲，皆說所樂聞法。所聞要與十二部經合。作此想時，大須堅固令心不散。心想明了，如眼所見，經久乃起。

二者，直想阿彌陀佛丈六金軀，坐於花上，專繫眉間白毫一相。其毫長一丈五，尺周圍五寸，外有八楞。其毫中空，右旋宛轉，在眉中間。瑩淨明澈，不可具說。顯映金頂，分齊分明。作此想時，停心注想，堅固勿移。然復應觀，想念所見，若成未成，皆想念因緣，無實性相，所有皆空。一如鏡中面像，如水現月影，如夢如幻，即空、即假、即中，不一不異，非縱非橫，不可思議。心想寂靜，則能成就念佛三昧。（**《往生坐禪觀法》**）

四、明代憨山大師示淨土觀法

然一心持名，固是正行。又必資以觀想，更見穩密。佛爲韋提希說十六妙觀，便得一生取辦。今當於十六觀中，隨取一觀。或單觀佛及菩薩妙相，或觀淨土境界，如《彌陀經》說蓮花寶池等，隨意觀想。若觀想分明，則二六時中，現前如在淨土，臨命終時，一念頓生。如此用心，精持戒行，永斷惡念煩惱。以此淨心，觀念想繼，淨土真因，無外此者。（**見《憨山大師年譜》**）

修觀者可在用功之餘，對照以上先德的開示，久久必有深契與了悟，於修觀一途，便能登堂入室了。

第四章　〈始終心要〉淺講

這篇〈始終心要〉，是根據《法華經玄義》與《文句》的自行因果及解行修證的意義，以簡單扼要的二百八十多字，提綱性地論述了自始至終的修學過程。因爲荊谿尊者恐怕初學臺宗的人對《玄義》、《文句》，以及《摩訶止觀》這三大部的博大精深的義理，畏繁而不從事探討，那麼臺宗解行修證的軌則便會從此隱沒不彰。所以，尊者不得不攝取三大部中自行因果等的意義，發明了〈心要〉這篇著作。這篇〈心要〉流行已經很久，但註解卻很少見，在宋朝時有義神智法師述註流行，民國有諦閑法師著〈心要解〉，及弟子駱季和居士〈略鈔〉，又有靜修法師著〈心要義〉，於是，〈心要〉之義大闡，近代以來，爲臺宗學者所注重。

一、修行的始終

修行的始即是因地的開始階段，修行的終即是果地圓滿的境界，因此，「始終」二字實際上包括了緣起門的信、解、行、證，在臺宗而言，即是六即佛義。諦閑法師說：「始終二字，賅六即義，通迷悟，合修證，收因果也。以迷悟言，理即爲始；以修證言，名字即爲始；以因果言，觀行即爲始，皆以究竟即爲終也。」可見這始終的過程是就緣起的事相方面而言的，因爲迷悟、修證、因果的差殊，完全是相對性的。如從圓融的理性而言，那麼，三惑、三因、三止、三觀、三智、三德、三身，皆即三諦，亦皆即實相，並無二體。因爲「真如湛寂，絕思絕議，非因非果，無始無終」。所以迷悟本空，修證亦幻，體會到這一道理，纔能深入全性起修，全修在性的妙義，纔能掌握始終的事與理的兩重關係。

二、修行的心要

〈心要〉既指這篇著作是三大部的關鍵所在，又是淨土等行人用功修持的心地要妙。所以以一心三觀而起修，而證入念念相應即念念歸真的一境三諦的圓融觀法，是本宗的關鍵，所以以名字即佛的圓解，一直至究竟即佛的圓證，沒有不以此義而返妄歸真的，所以稱爲「心要」。

三、三諦之理本自具足

夫三諦者，天然之性德也。中諦者，統一切法。真諦者，泯一切法。俗諦者，立一切法。舉一即三，非前後也，含生本具，非造作之所得也。

「夫三諦者」，是先提出「三諦」這個名詞，然後再進行說明論述。「夫」是語氣詞，相當於「這個」之意。三諦即真、俗、中。所以稱之爲諦，是因爲這三者都是審實不虛的真理，是世出世法的準繩，是萬法的根源，是一切修行的歸趣，也是果德的理本。因此，是至真至實，至重至要。諸佛悟此而成正覺，而荊谿尊者所以將此立爲心要，也即悟此三諦爲佛法的關鍵所在。第二句，「天然之性德」，是說明三諦是我們性具的德本，所以叫做性德，這個性德，指我們修行的關鍵所在，因爲心要是整個修行過程的中心和要點。

本宗的觀境是以第六意識的妄心做對象的，所以在五種心中，既非草木心、肉團心，又非集起心及真如心。但這現前一念的攀緣心，卻全妄即真，迷妄時，或幻起草木心、肉團心的依正現象，或由業力種子結集諸法。如果觀此心識，當體無生，離能所分別，則即是真如心。由此可知，這第六意識日用現前，離我們最近、最親切。所以，能觀的既是這個心，所觀的又是這個心，既是觀智，又是觀境，的確微妙不可思議。

所謂要者，即觀此現前一念妄心，圓具三千性相，百界千如，即空、即假、即中，空即是真諦，假即是俗諦，中即是中諦。三諦一心圓具，沒有次第和先後，舉一即三，言三即一，非一非三，而三而一，不可思議。這就是一境三諦的妙理，依這妙理去觀照，便是圓融妙觀。一念虛妄之心，頓成三諦妙境。所謂一念相應即一念歸真，在凡不減，在聖不增，在染非染，在淨非淨，既不須修持，也不待證成，所以有佛無佛，性相常然。因爲不待造作，本自具有，所以叫做天然。

「中諦者，統一切法」，不偏不倚叫做中，一切法即指世界萬物，亦即三千性相，百界千如。統是統攝或總匯的意思，這中諦之理，既包括了本體界的真諦，又包括了現象界的俗諦。因此，一切萬法，或者真，或者是俗，當處即是真性，二邊全是中道，無真、無俗、無不中。這就是自性的體大。

「真諦者，泯一切法」，真是指沒有幻妄僞蔽，也即空寂無染的意思。泯是亡的意思，又有融會義。因爲一切諸法，原是無自性，當體即空，不過是因緣和合而產生，因緣離散即消滅。所以站在真諦方面說，世界萬法，當處空寂，了不可得。不但俗諦法不可得，即中道諦亦不可得，即所謂無俗、無中、無不真。可見三諦都歸無相，這就是自性的相大。

「俗諦者，立一切法」，俗即指世界萬法，立即建立。一切法，即是三千性相，百界千如。在俗諦方面說，自性不捨一法，事事無礙，相相寂然，因此，在俗諦而言，真諦、中諦，也隨緣而成諸法，因此，三諦悉是建立，即所謂無真、無中、無不俗。因此，三諦都成緣生的建立，這就是自性的用大。

以上三諦，包括了一切佛法，深奧難知，祇有依三觀的妙觀，而入三諦的妙境，纔能全體現前。所以語言難入，唯證乃知。

「舉一即三，非前後也」。境觀不二，全體現成。因爲法性無爲，沒有語言文字及一切現象可得。所以，以上三諦，三不一定是三，在意義分析上不得不分成三方面來論述。一不一定是一，在理體上不得不歸納爲一。因爲，說三說一，都是隨衆生根性而言。中諦、真諦、俗諦三者，不是縱橫並別，所以說「非前後也」。因爲，既不是中諦在前，二諦在後，也不是二諦在前，後有中諦，如果有前有後，即有縱橫並別，便成可思議法，因爲三諦圓融不可思議，所以非前非後。歸納起來說，中諦是統理而絕待的，真諦是混合而絕待的，俗諦是建立而宛然的。舉一即三，全三即一，圓融無礙。

四、無明、塵沙、見思的覆蔽

悲夫！祕藏不顯，蓋三惑之所覆也。故無明翳乎法性，塵沙障乎化導，見思阻乎空寂。然茲三惑，乃體上之虛妄也。

「悲夫」，是感歎詞，因爲三諦妙理，不從他得，是我們固有的真心。正如衣裏明珠，不逢親友指示，其人不知。我們衆生，好像懷珠作丐之人，對本具的三諦妙理不識不聞，因此，是十分可歎的，「悲夫」二字正是悲歎衆生的迷失蓋覆。不知自心之妙，叫做祕，含於煩惱垢中，叫做藏。從來未悟，雖常現前，迷而不知，所以說「不顯」。本具的微妙真心而被祕於煩惱垢中，不得顯現，真是可悲可歎！三惑就是見思、塵沙、無明；「蓋」是因爲義，即推尋原委的詞句。我們本有的靈妙真心，之所以不現前，因爲是迷了這一心中的三種妙諦，迷即是「不了」義。因爲不了真諦，起見思惑；不了俗諦，起塵沙惑；不了中諦，起無明惑。這三惑遮蔽了自性，所以三諦雖常現前而不知不覺。因此，無明能翳法性，塵沙能障化導，見思能阻空寂。這裏的法性即指中諦，化導即指俗諦，空寂即指真諦。

以上是總的說明覆蔽的道理，這裏是分別詳示所覆蔽的差別。無明即是無所明瞭。現前的森羅萬象，全是中道法性，但是人們卻不明瞭，由不明瞭即成無明，由此無明，便與中道法性，不隔而自隔，所以說「無明翳乎法性」。塵沙二字是譬喻，因爲化導衆生必須上識諸佛法藥，下知衆生惑業之病，又能應病與藥，令其服行，這叫做悲智雙運，不被塵沙的煩惱業行現象所障礙。假使劣慧無知，上不能識法經，下不能辨衆惑，於是就不能對機說法，利益衆生。因爲惑業之多，不可以算數，如塵如沙，所以用塵沙來譬喻。這塵沙是以劣慧爲體的，如果塵沙惑不破，則化導不行，而俗諦之理非障成障，所以說「**塵沙障乎化導**」。從法塵起分別叫「見」，從五塵起貪愛叫「思」。在見道時斷的，叫見所斷惑，略稱見惑，在修道時（或思惟道時）斷的，叫修所斷惑（或照思所斷惑），簡稱思惑。也叫取相惑，因爲對事事物物，都生分別貪愛，而取著不捨，而對真空寂滅之理，非礙成礙，所以說「**見思阻乎空寂**」。

但這三惑，都非真實，是三諦體上幻妄而成的。好像空裏的狂花，由目病而現，又如夢中幻境，全是心現。因此，三惑全是假名，求其實際了不可得，所以說：「**然茲三惑，乃體上之虛妄也。**」

五、世尊的感歎

於是大覺慈尊，喟然歎曰：「真如界內，絕生佛之假名；平等慧中，無自他之形相。但以衆生妄想，不自證得，莫之能返也。」

以前是荊谿尊者的歎息，這裏引用了佛的感歎。

無明大夢，雖是十地等覺諸大士，睡眠依然未徹底醒悟，唯佛一人，究竟覺悟，因此，可稱「大覺」。這裏的大覺悟者，不是別人，正是娑婆教主本師釋迦牟尼佛。因爲慈心無量，爲三界中最尊最貴者，所以稱爲「慈尊」。「喟」是像聲詞，是內心歎息時發出的聲音。佛雖然大覺大悟，但衆生仍在生死長夜之間，無明大夢之中，不知何時能背塵合覺，所以興大慈悲，喟然自歎。

無僞叫做真，不異叫做如。因爲三諦至理，從來無僞，千古不異，橫無邊際，豎絕始終，包含法界而無餘，没有内外之分，所以界是無界之界，爲了行文的方便，假名爲界内。真如無爲，離名絕相，既然不是諸佛的洪名可以標示，更不能以九界衆生的稱號稱之，所以説「絕生佛之假名」。這裏是約理説明如，下句是約智説明慧，究其二者的根源，理智本來一如，二而不二，在真如方面既無生佛的假名，在勝劣二智上的高低階級、自他形相的差別也同樣不存在。所以在中道平等的智慧中，法性不二，無有差別，佛和衆生從來平等，没有自他形像的相對，因爲自相他相，都是妄相，所以《楞嚴經》中説：「妙性圓明，離諸名相，本來無有世界衆生。」《起信論》中也説：「離名字相，離心緣相，究竟平等，不可變異。」所以說：「平等慧中，無自他之形相。」

但是，真如的理體與平等的智慧，雖然平等不二，可九界衆生仍在迷中，將全體三諦的真如，遮覆成三惑的妄想，於是衆生有了顛倒流轉。因爲妄想的遷流，攝受妄境，逐境造業，從迷積迷，沈淪長劫，所以說：「不自證得，莫之能返也。」

六、立法治病

由是立乎三觀，破乎三惑，證乎三智，成乎三德。

「由是」是承接上文連接下文之謫。「立乎」以下是說明佛祖用大乘法藥，對治衆生的心病。立觀是用藥，修觀是服藥，破惑是治病，證智成德，是見效復原。本宗所立的三諦是依據《仁王般若經》，三觀則來自《瓔珞經》，二經間有相互發明，三惑是依據《大品般若》和《大智度論》而開，三智依據《大品般若》的三智品中，三德則在《大涅槃經》中詳示。

七、觀相的次第

空觀者，破見思惑，證一切智，成般若德。假觀者，破塵沙惑，證道種智，成解脫德。中觀者，破無明惑，證一切種智，成法身德。

這是針對不得圓頓妙觀的人，作次第說明。其實圓頓行人，在名字位中，圓悟一境三諦的妙義。在觀行位中，圓伏五住煩惱，在相似中麤垢任運先落，脫四住煩惱。分證位中，分破無明，分證三德。究竟位中破盡四十二品無明，究源徹底，智斷圓滿。總之，圓頓行人，悟三諦圓融，不可思議，故得圓伏五住，圓破三惑，圓證三智，圓成三德，即所謂一悟一切悟，一修一切修，一破一切破，一證一切證。文句雖有次第，但意思卻在一心。

了知諸法無性，而不起分別，於此相應，叫做空觀；達諸法如幻，唯是假名，於此相應，叫做假觀；觀了諸法，非有非無，不一不異，若時若處，無不相應，叫做中道觀。

以空觀觀於真諦之境，境觀相應，則見思惑便會自然消殞，能觀的心便會自然轉成智慧，所以說證一切智。證智的時候，一切內法內名，便能知能解，一切外法外名，也能知能解，解了之際，當體即了知一切諸法，一相無相，本來空寂，所以叫做「一切智」。「成般若德」，是指徹照心源的智慧，在前所觀的真諦之境上，至此惑破理明，照了無遺，真諦之理體究竟而顯。又因爲具足常、樂、我、淨的涅槃四德，所以稱爲德。

以假觀觀乎俗諦之境，分別藥病，應病與藥，令其服行，化導無礙，則塵沙惑破，俗諦理明。這時能用諸佛一切道法，發起衆生一切善根，所以叫做「道種智」。又能於一切法，自在無礙，解脫一切衆生，所以稱爲「解脫德」，同上面一樣也具有四德，所以稱德。

以中道觀觀照於中道第一義諦，境觀相應，障中的無明任運脫落，所以說破無明惑。這時因爲能用一切種智，知一切道、一切種，所以叫做「一切種智」，於中諦境，究竟無爲又同時具足四德，所以叫做「法身德」。

八、顯示圓融義

然茲三惑、三觀、三智、三德，非各別也，非異時也。天然之理，具諸法故。

這是對已得圓融妙理的人，作圓融具德的說明。這是臺宗的本旨，也是佛陀出世的本懷。因爲迷悟修證，破立同時，不離當念，所以不是各別的；同時現前剎那心中，所以不是異時的。能破的是觀，所破的是惑；能證的是智，所成的是德；能所不二，修證一揆，因此，性具三千諸法的妙義，是本宗不同於一切學說的關鍵所在，使本宗妙觀之義，更顯得圓融無礙。

九、總結修證的整個過程

然此三諦，性之自爾。迷茲三諦，轉成三惑，惑破藉乎三觀，觀成證乎三智，智成成乎三德。從因至果，非漸修也，說之次第，理非次第。

上文說：「天然之理，具諸法故。」這裏又總結說，無論在迷在悟，三諦具足諸法，終究不改，所以說「性之自爾」。因爲迷了這三諦，所以由性具之染而成三惑，三惑是依賴三觀而破，所以觀成便證成性具的三智和三德。

止觀是因，智德是果，因果本來一心，所以不屬漸修，始終不離當處，所以三諦之理不落次第。古德云：「性德之行，異乎歷別，言不頓彰。言有前有後，理在剎那。奚落次第耶？」

十、一切佛法大綱

大綱如此，綱目可尋矣。

「大綱」即指心要，「綱目」即指教眼。教法無量，猶如彌天之網，即以諦觀爲「綱」，性修諸法爲「目」。因此，若能明瞭這篇心要的諦觀宏綱，即能了達諸佛設施的綱目，所以說「綱目可尋」。

然而這諦德，乃是諸佛究竟之所證得。經中說，「唯我知是相，十方佛亦然。」故我世尊，初成正覺時，即欲說此妙義，祇因無根機，不能領受，所以用漸次法，調熟機宜，到了靈山會上，纔會權歸實，特暢本懷。天臺智者大師，靈山親承，悟佛心傳，秉佛心而自行化他。此後弘臺宗者，無不以此妙義爲心宗，綱提目張，觀明道悟、深入佛意，廣利有情！

淨土持念法要

〈第二卷〉

論淨土法門的行持

淨土法門是特別的異方便之法門，它以橫超直往爲特徵。因此，以簡單易行的獨特風格，成爲末法時代最有可能了脫生死、永階不退的殊勝之道。所以不求開悟見性，毋須祖祖傳承，祇要依佛言教，信願求生，一心念佛，廣積善根，便得即生成就往生見佛的真實利益。

由此可見，淨土法門是導百川之歸於大海，攝萬行而化於一念，於事相上的指西方淨土以爲依止之樂邦；在理性上圓裹十方世界，一切萬有，無非淨土之妙德莊嚴全體顯現。因此，無量光壽，時空恆融，性相齊觀。一切法門，如禪、密、教、律等均可迴向淨土而成其妙行。淨土不拒一法，所以決不排斥任何法門，因任何一法適可達成淨土的果德。而淨土行人，爲專一故，不必廣涉他宗，分別異同，執著勝劣，評判古今，應當一心行持，正念分明，迴向淨土。

雖然如此，而淨土並不執著唯一持名方可往生，其他如觀像、觀想、實相、持咒、止觀、禪定及持觀音名號等，一一皆可成淨土之精妙行持；但不可朝三暮四，一旦擇定，應一門深入，老實修持，堅固不退，使法門熟行於心地，淨因種植於長時，娑婆之神思，成極樂之妙嚴，臨終勝果，必得現前。

淨土法門唯依彌陀爲本師，念念歸向，時時憶念。人間善知識，僅作法義啓示的參考，修持方向的指正，決不可建立個人崇拜，形成宗派集團，否則，西方淨緣未成，又被人間是非所染，持念的信心、法樂的拓展，必定大受影響。

初機行持立志於往生，所以厭五濁、了生死之心必切，慕淨土、欣蓮邦之意必真；這並非不好，但應在樹立信願後，真正放下世俗情懷愛欲，澹泊地生活，無欲無求，精持律儀，一心念佛。從此就應以持念爲中心，以生西爲目標，以善行爲助緣，以聞熏經教爲智眼，而形成淨土之法行。而不必被生死所憂，爲世俗所困，一切放下，心法相應，隨緣而行，正知而用，於是心地清明，快樂充溢，神棲淨域，智照目前。

由智照目前之故，一切行皆成淨土之行，道妙暗合而明現，利樂常興而廣被，於是內有妙德，外弘佛法，淨化人心，莊嚴國土，濟度衆生；如此，正與彌陀大願相合而成彌陀之化身，於是時時處處，無非淨土之妙行，各宗法門，皆成心智之方便，淨土行持的真意，全在於此，行者應三思而契入。

行持者還應知淨土念佛，貴在心佛相應而覺——真正皈依佛寶也；心法相應而明——如實皈依法寶也；心僧相應而淨——體現僧寶之德也。一心之中，三寶全現，方是淨土妙行。

至於依行持而深入淨心之人，菩提心願必實施於平常之中，通宗通教而不滯住，了心了境而無定說，任其機緣，方便解縛，來去無礙，虛明無倫，如此，方是淨行利生而處處淨土也！

淺談生淨土八法

身在娑婆堪忍世界的我們，雖然學修佛法，但仍然是業障深重，煩惱不斷；究其原因，乃是我們太多地考慮自身的利益，祇想到自己的修持與自我的歸宿，即使做點善事，也祇爲了自己的未來果報，因此以狹劣的心念而想得到眞實的果證，的確是不可能的。

因爲看到依次第道而豎出三界的難行，所以學佛者都希冀臨終時能帶業往生極樂世界，這幾乎成了各宗行人的共同心願。然而，人們祇把責任推在阿彌陀佛的一邊，生與不生，全是佛的事。如此理解，其信願不會眞切，其行持必不深入，以其昏昏之神識，而欲求臨命終時意不顚倒地隨佛而去，是絕對不可能的。所以無論修甚麼法，生甚麼土，都須自淨其心，使自己的妄識消融滌清，然後一心堅固，不被一切境界所轉，到了人生最後一刻，纔能把持得住，一彈指頃即生淨土了。

淨土宗常講厭離娑婆，欣求極樂。這的確是很正確的。但要厭甚麼？又欣求甚麼？一般人往往就不清楚了。我們所要厭離的乃是娑婆世界的五欲與使我們迷戀的一切事物，因爲厭離之故，我們放得下，內心也就不起貪戀等煩惱了；心中既無煩惱，念佛便能一心，心念也就清淨了，與佛就能感應道交了，因此，正在厭離的同時，還須在淨心中行一切善根之事，利用娑婆世界之惡劣環境而行善，其功德就能超勝無比。誠如《維摩詰所說經．香積佛品第十》中維摩居士所言：

此土菩薩，於諸衆生，大悲堅固，誠如所言。然其一世饒益衆生，多於彼國（指香積佛國）百千劫行。所以者何？此娑婆世界有十事善法，諸餘淨土之所無有。何等爲十？以布施攝貧窮、以淨戒攝毀禁、以忍辱攝瞋恚、以精進攝懈怠、以禪定攝亂意、以智慧攝愚癡，說除難法度八難者、以大乘法度樂小乘者、以諸善根濟無德者，常以四攝成就衆生，是爲十。

既然在娑婆世界行一切善法功德比一切淨土功德都大，那麼，就應盡其可能在此土內積極廣行善法，利益衆生，使福慧更爲廣大圓滿。可見，在厭離娑婆的同時，也應積極發心，因爲淨土的福德因緣，是離不開衆生這個對象的，沒有對象，就無法培植善根。

再就欣求極樂也不是爲了獲得自我的永久性的享受快樂，如果光是爲了貪求極樂的環境莊嚴而發心求往生的話，其私心必不能斷，其願必不廣大，其行持也必然無力。因此，正確的欣求之法，應該是在淨土能隨時親近諸佛、菩薩，能常聆法音，能不受諸染，能得不退轉，能起妙用隨方化度。重點還在成就佛道，廣利衆生上，離開了這一重點，淨土宗也就不是大乘法，就變爲凡夫貪欲法及二乘自了法了。正因爲淨土宗是大乘法，是成無上道的捷徑，所以淨土宗行人更應該發菩提心而行菩薩道，使自己的因地正直，逐漸趨向大道。

那麼，淨土行人怎樣行持，在這個世界上纔沒有虛妄顛倒的惑業，而在臨終時能往生淨土呢？維摩詰居士對香積佛國的菩薩開示了生淨土八法，很值得我們學習修持。維摩詰居士說：

菩薩成就八法，於此世界，行無瘡疣，生於淨土。何等爲八？饒益衆生而不望報，代一切衆生受諸苦惱，所作功德盡以施之；等心衆生，謙下無礙；於諸菩薩，視之如佛；所未聞經，聞之不疑；不與聲聞而相違背；不嫉彼供，不高己利，而於其中調伏其心；常省己過，不訟彼短；恒以一心求諸功德。是爲八法。

這八種法，第一是要我們生大布施心，能把身、命、財等一切都施於衆生，且沒有貪圖回報之心，進一步還要代替一切衆生受一切苦惱，並把一切念佛修持等功德布施給衆生，這可以說是徹底地無我了。第二是要我們平等、謙虛，在一切衆生緣中，不被「人」見所礙。第三是念未來佛，即把一切發心的菩薩看做是佛，心生尊重，如此就沒有驕慢心。第四是對法的求學中，沒有聽到過的法，也不會產生懷疑心，而以智慧去融會，這是屬於行人的智慧開發方面的。第五是對於異行者，如聲聞之人，不生矛盾，隨他的因緣而不加輕視。第六是對於供養物品，應該不計較、不貪圖，其他菩薩如受人供養多，應不生嫉妒，而對於自己應盡量地減少受人供養，使自己調伏妄求之心。第七是常常省察自己的過失，檢查自己的錯誤，使自己的行爲更趨完美，而對於他人的錯誤，卻不指責，不應由於語言的不當而引起諍訟，產生矛盾。故以嚴格對待自己，以寬容對待他人。最後一點是要求我們一心一意地專求一切功德，凡是有利於修道的，都須認真地去做，無論在智慧方面或福德方面，也都是如此，因爲功德具備了，自然就能高預上品。

往生西方淨土是果，而現在修學佛法是因。因此，提出以上的生淨土八法，是做爲我們修淨土宗行人另一個角度的鞭策，希望在阿彌陀佛慈悲願力的加持下，再加上自己的道力，那麼西方的往生必能如願以償了。

念佛與往生

談到念佛是爲了甚麼這一問題時，一般人都會説是爲了求生西方，但佛應怎麼念?西方該如何求呢?卻很少有人能説出一個究竟來，這是因爲在最平常的一句佛號中，沒有能夠深入體驗;在求生的旨趣上，沒有真實領會之故。

一個真正念佛之人，首先應明白身心世界，煩惱菩提，生死涅槃，乃至成佛成道，其性本空，沒有能受之心與所受之法，因爲正提起念佛之際，就已把世出世間的萬法徹底放下，一絲不掛，一塵不染，不念一切念，正在不念一切念時，心中名號之內音，相繼不斷，綿綿密密，使空靈的自性中，顯現妙用，不僅念名號時是念佛，説話時、做事時，乃至用心時、睡眠時，也無不在念佛。因爲真正的佛念，即是自心的朗覺——內心朗然覺照，不落一切分別執著，無住無爲，正念分明，即此朗覺，正是念佛之功在平時的表現。所以念佛人要體悟時時處處不離現前一念之心，不離現前之覺。心佛不二，智覺不昧，便是念佛的得力處。

真念佛的人，不管是高聲念、低聲念、金剛念、默念等等，方法雖有差別，但真念祇有一種，即正念佛時，不落念想，不起佛思，不受法味，不著境相，一切都沒有——沒有心、沒有身，沒有佛、沒有衆生，沒有娑婆、沒有極樂，沒有功德、沒有罪障，沒有能念、沒有所念。一切念都不生時，卻正了了分明，朗然而念；正朗然而念時，又不見有一切念。這當下的無念之念纔是真正念佛的正念。因此，念佛的方法、原理雖有多般，究其真正入手時，卻沒有兩樣，且連一法也沒有，沒有也沒有，到了無法可法，無不法時，纔是真正念佛了。

有人說，念佛要從少到多，從外到內，從迹到神，從有念到無念，即要一步一步地深入。但是真念佛人，放下一切概念，放下一切次第，放下一切期待，驀直念去，不管多之於少，外之於內，迹之於神，有之於無，祇是如此從早到晚，又從晚到早，直念到忘了過去，忘了現在，忘了未來，忘了一切。正忘了一切時，心中了然朗覺，平等自在。而此念佛之聲又即在此朗覺與平等中，不緩不急，不高不低地，隨心呈露，阿彌陀佛的智慧光明，慈悲願力，也隨心流現。正於不期然而然之中，念佛者纔有了念佛的真功德。

果能如此真正念佛。不求福報，福報自至；不求感應，聖德冥通，不求卻病，自能健康；不求禪定，大定常然；不求智慧，智光迸發；不求功德，功德自生。正因爲真念佛人，不求世間出世間的一切法、一切事、一切因、一切果、一切理，所以能得如是殊勝妙應。

在一切不求中，唯求西方極樂世界，阿彌陀佛國土中生，而此求生，乃是在念佛中、迴向中，乃至吃飯穿衣、動靜語默中時時不離。所以求生不是求臨終之生，不是求斷氣之後的往生；真正的求生西方，應在每秒内；秒秒不離，時時如此，方是真正的求生西方。

真修淨土法門並非難事，但是對於信不真、願不切、行不實的人，卻是異常的困難。因爲這種人口中雖然念佛，但心中卻依然裝著娑婆世界。心中既然全是娑婆，那念佛就是不真、不切、不實了！所以要使心中念佛真切，就應先把娑婆放下。把娑婆放下了，心中纔能真念佛，求生纔能真往生。念佛的妙趣，念佛的受用，乃至西方的往生，不正是一念之心的覺悟嚒？

淨土念佛的四層工夫

在當今的時代裏，淨土宗顯然是圓攝、普被的大法門了，它既是各宗之所歸，又具有自行之系統，因此，可稱得上是契理契機的唯一了生脫死的捷徑。

淨土法門以信、願、行三要素構成了往生極樂的資糧，信、願、行三應平等攝持，不可偏倚。因爲無真信則無由產生切願，更無真實之行持之可能，所以從信生願，由願導行，乃是淨土行人趨入正道的必然過程。由此可知，信願的歸結點仍在於行，前者是前提，後則是實修，行持的淺深與散定，會反過來決定信願的層次。因此，淨土行人祇有在信願中導入行持的深化，又在行持的體驗中開發出清淨超然的信願，方能深入佛陀悲智之願海，感應道交，相契相融了。

那麼，從初機入門的漸次進修來說，淨土的行持有多少層次呢？簡單地歸納起來，可以分爲四層工夫：即從少念到多，從外念到內，從迹念到神，從有念到無。一是從數量的多少來講修持的功行的程度；二是從五根對塵起念的工夫，轉移到內六根、識、塵起念的離外獨靜工夫；三是從著意的聲塵念之迹邊一直深入到無意自念，輕鬆自如離於內外的空覺之神念——第七識之流注念；最後是從能所相對之念，進入無生的真念無念之境，即入理一心不亂。以下詳細分析各層次的工夫境界。

一、從少念到多

初念佛的人，由於不習慣於持名之念與念力的不足，以及常常不能自覺地稱念，所以雖然有了初步的信願，但信願之力未能時時現前，仍舊被世俗種種妄想所牽制，往往打妄想的時間多，念佛的時間少。初念者的這種情況，必須用多念佛號來克服，而多念的最好途徑就是計數，如用念珠計數、數息計數，或時鐘計數等方法，使每日持念的佛號，從百至千，從千至萬，從萬乃至於十萬聲，隨各人的精力與忙閒等，形成定課，不再退轉，如此精進用功，佛號便慢慢地熟念不忘，信願也就在行持中逐漸深入真切起來了。

初修之人，計數的行持至少要三年，佛號纔能不離於心，督責之念力也會隨之增強，自覺地能攝心於佛念之中，麤妄想自然而然地減少，人世間的苦惱與煩悶等事，也就慢慢地降伏而達遠離之境了。

二、從外念到內

念佛有內外之別，外念即口念耳聞，或手捻念珠，鼻隨息而數等，是五根與五塵接觸中歸於佛號進行計數的一種念法；而內念則爲意根中的識心持續佛號的串習之種子，而起隨順的觀照之念，即是正念正聽。外念在計數過程中，由於出聲念、金剛持、捻念珠或隨息等的相對立性的變化，使自身流入較麤的根塵運動中，無法達到離身忘境的輕安怡悅之地，所以在此過程中，念佛者往往有負擔感，身心難以調和自然。因此第二步的工夫就是要打破計數的執著以及身口的倚重，完全放下了外念的方法，憑藉念熟了的佛號種子，直心而念，使心念與佛號融爲一體——佛即心，心即佛，除此之外，更無他心。當然中間仍會有妄想浮現，但不要緊，更不要怕妄念，也不隨念想跑，祇是不理睬，平直而念，使全體心念之力投入於佛念之中，忘記了外境，忘記了根身。如果達到了心佛相融，正念不昧的境地，即有超時間、超空間的感受，但仍有感受，仍有念佛的舒暢感與輕安感，即住於身心的感受中。這是事一心不亂的初步現象，此處最關鍵的是一個「隨」字，因爲念到不知何處在念，也不用心去念時，祇要把心念輕輕地隨順於涓涓而流顯的佛號上，便是用功得力的時節，也是了斷妄想，得入正定的唯一途徑。

念佛到了這一步，心中自然很歡喜，一般的煩惱不再生起，有一種平淡安寧的感覺，世俗的欲樂也不大動心。當然，習氣深的人，也常常因爲受染污而破壞正念，使工夫受阻而隔斷。所以除了念佛之外，經常熏陶大乘佛法，聽聞淨土經論，對於提高智慧，對治煩惱習氣，是很有益的。

三、從迹念到神

一切有感覺的念佛都是迹。所謂「迹」即是痕迹之意。正念佛時，還有身體的輕安感受，有心念的生滅變化，有能念心與佛號對立，都屬於迹的圍範，有迹就有所住，有所住則皆是妄心的作用，雖是念佛，也得輕安，但是細的分別仍連續不斷，時時在佛念中，湧現出來。如在這個基礎上，正念佛時，不起分別，也不住在感覺上，一切不管、一切不著，祇是隨順而念，念不執念，這樣久而久之，忽然心如虛空，忘記一切，身體頓失，唯佛號仍在，心中念念相續，但不知從何念出，歸於何處，無來無去，念心與佛號完全融爲一體，打成一片。此時似已到了全體是心，全心是佛的境地，但仍有虛空與佛聲在，就是因爲有這個在，所以祇是事一心不亂的正境，而未入理一心不亂，仍有微細的能所分別。

到了這一步，生理會發生較大的變化，身體很輕，精神很足，睡眠可以減少，疾病不易發生，睡覺時也容易進入忘身的正念境界。打坐中有人驚擾也影響不大，若保持較好的，隨時都可以進入這樣的定境。世間的煩惱到此已伏，信願更切。此爲因地初得勝益，如由此不斷深入空而不著空，念而不執念，則能進破見思煩惱而生方便有餘土。

四、從有念到無念

所謂有念，即是有佛號的聲在，有虛空般的覺受在，有光明、輕安與喜樂在，乃至有空智的寂靜在，由此便有微細心中的「流注」之執。如住於此執中，就不能悟入真空妙有的如來藏實相妙境，所以仍須打破空有兩邊的分別之念，令入真實無念之妙念。這有三個過程：

一、保持事一心不退，安養其定。

二、研明大乘中道實相之理，了悟法性本空不空的真義。

三、以理導行，在正念中，體究於一心之源，使窮念源，達於念即無念、當體寂滅的湛然明靜的性德。於是心地豁然大明，含融一切。

由此三步的理行觀修，即證入了理一心不亂的念佛三昧正境。此法可以參考《念佛三昧論》等著作，窮研理性，究盡法體，方契實相無相之真際。

念佛到了「無」的工夫，即是禪宗連「無」也無的工夫，此時一靈獨照，十方一相，於是與禪宗徹悟者，同一心海，乃是三昧中之王三昧。所以念佛法門不可思議，古德云：「一句佛號非大徹大悟不能全提。」正說明這一點。證念佛三昧者，不但往生自在，且於此生即能起妙用而廣利衆生。

淨土念佛工夫，從淺至深是行人必然要經歷的過程。而在此過程中，往往會發生一系列自己無法解決的問題，在此筆者根據近期來行人提出的問題，一一予以解答。

問：念佛雖然定了課，但仍會忘記，不能堅持日日如此，這是甚麼原因？

答：這是因爲信願不真切之故，對於娑婆世界的苦體會不深，對蓮邦之妙樂嚮往不切，所以放不下身心世界，沒有把精力投入念佛之中，定課自然拖拖拉拉，難以完成了。

問：定課確立後，要想進一步地提高課目很難，這是甚麼原因？

答：修持用功不能太急，完成定課，且保持一段時間，待平穩不退後，纔能稍微提高一些，不能一下子太快，否則必會後退的。另外，念佛的工夫，也要有利用一切空餘時間的善巧。如在不用腦的、不費心的任何時刻，皆可用來做念佛的工夫。這樣念佛的次數與力量就有了長足的進步了。

問：近一段時間裏，念佛靜坐時，覺得胸悶、頭脹等不舒服的現象，不知是何原因？如何克服？

答：念佛本來有無量的功德，能消無始以來的業障，因此，如能正確地念佛，必會身心輕安舒適。但如果在靜坐念佛時，身體太過挺直以致僵硬緊張，則會因氣息不暢而出現胸悶；如出聲太響則會使胸部氣脈振蕩過烈，從而使中氣不得下降，造成氣結胸部而疼痛。若在念佛時用心太切，意念太過執著、太過消沈，或持念的速度太快而心跳過速等，都會導致胸悶頭脹等不良現象。另外，念佛人如心有外緣牽掛，煩擾於中而不得化解，也會在靜坐中產生一系列不適的症狀。

對治的方法相應地也可分爲以下幾個方面：

一、身體應放鬆，自然平直，不偏不倚，不挺不彎，使身覺輕安舒適。

二、靜坐時最好是金剛持與默念，要出聲也祇能低聲念，不可高聲稱念，如要高聲念，可在座下繞佛時。

三、念佛時應離開麤重的分別執著心，不急不緩地直心而念，使心地寧靜安泰，如此心佛相融爲一，妄念消歸於佛念，自然能得身心輕安。

四、念佛人平日應觀苦、空、無常、無我，對於人事應能看得破、放得下，不可計較塵世的緣情。對於所發生的任何事，當觀因緣如此，唯有隨順因緣而不變念佛求生方能安然處之而不動，念佛的功行纔得以進步。

問：念佛已有多年，從少念到多，但為何總難以得到輕安歡喜之法樂？

答：這是因爲信願之心仍不真切，世事没有真放下，所以厭欣未具，念佛自然無力。另外，由於在計數定課期內，用心偏重於念佛的數量，忽略了念佛的質量。因此，由念佛所產生的身心輕安的效果未能體現出來，以後可由計數改爲計時定課，如靜坐一次兩小時，用鬧鐘來定其終止，心即無時間相，容易得入忘身之境，念佛自然速入一心。

除此之外，平時熏陶大乘佛法，淨土經論，如理地觀察人世，明達因果事理，真正洞悉佛法真理，引發對淨土法門的真正信仰。由此藉聞思熏習之力，念佛正行之修必能契入，再加以五戒、十善、讀誦、持咒、六度萬行等之助行，則念佛如風帆行於順水，必能速證念佛三昧了。

問：念佛數年後，初步得到了念佛中的輕安，一天念佛時，忽然發現耳邊聞到的聲音都成了佛號聲，而且持續了較長一段時間，這到底是何緣故？

答：這是因爲念佛的時間久了，耳膜神經發生了變化，也就是在佛號慣性頻率振動下，耳根的神經功能把一切音波化爲佛號聲，這雖然是一種自然現象，卻不能執以爲好而生歡喜心，更不能在佛號聲未出現時，用觀力激它再現。由於執著心之故，而易造成神經功能的失調，影響了念佛的進展。因此，祇能聽之任之，不去理會它。久而久之，自然外聲消而內心靜，達到了忘我之境。

問：念佛稍為得力時，妄想反覺得比以前多了，這是怎麼一回事？

答：這是由於念佛的功德開始了覺智，使以前不曾覺察到的妄想明顯化了，所以在念佛時反而覺得妄想多了。正如陽光透過縫隙便會發現更多的塵埃在浮動。此時，不要怕妄想，不制止它、不隨逐它，祇是不理睬，一心持念名號，妄想即化爲烏有。因爲衆生祇有一念，打妄想之念與念佛之念不二，所以提起正念，妄想即消融了。

問：念佛較前輕鬆自然，心念也平靜了許多，唯在對境時，為何反比以前更容易受污染，一碰就好像黏了上去，心裏也就有明顯的動相，這到底是退步還是進步？

答：這是因爲念佛之力滌洗了幾分的煩惱習氣，心地也有了些寧靜安詳，所以一旦接觸外境，心念仍有動相，反把故舊麤的種子翻了出來，立即覺受到心的染污與變動，因此，感覺反比以前明顯。這猶如一塊較白的布與髒物一碰就容易顯出污點一樣，而本來髒的布就不會有此反映，可見這是進步的好現象，但仍須努力上進，繼續用功，方能到達對境不動的自在境地。

問：念佛時身體已似有似無，感覺也挺舒服的，但外界突然傳來的聲音為甚麼會容易受驚？有時甚至有直接傳到心臟的刺激感？

答：這是行人將入定而未入定之際，各部神經功能變得更爲敏感，所以對聲波等的反映也更爲突出。此時應注意不要受驚，否則氣脈易受到干擾而生紊亂，心臟也可能會受到損害。心臟本已衰弱者更應注意。對治的方法有三：

一、修持的環境應避免喧鬧處。

二、受驚後應立即提起正念念佛，不可再想受驚的感覺。

三、平時應加强健身運動，多拜佛。

問：在一次打念佛七時，由於精進用功，忽然正念分明中，頓失根身器界，心如虛空，異常舒適，此時佛號之聲歷歷分明，自然而念，祇覺得心量廣大，全心是佛，全佛是心，而此念佛之聲，又不知從何而來，去向何方。如此持續了約半小時，下座後，雖然繞佛行走，身體猶如在空中行走，虛空之心，明了之念，仍是持續不斷。從此之後，煩惱不起，睡眠減少，甚至在睡眠中也不見有身，仍如虛空般地正念分明，慈悲之心，往生之念，愈加深切。請問這是甚麼境界？

答：這是事一心不亂的境界，如能保持不失，臨終必能往生西方淨土。因爲得著此中念佛的法味，再也不求任何世味了，五欲不染，心地安詳。人雖在娑婆，其心已在西方，時時與彌陀感應道交了。

問：得證事一心不亂後，應如何保護呢？

答：初得事一心不亂，是因地的初入事三昧境，祇是伏煩惱，如能保護不失，不斷增長，乃至日夜如斯，則爲果中事一心不亂，證極事中三昧工夫，斷盡三界煩惱，當生即爲出世聖者，臨終則可往生方便有餘土了。

初得事一心不亂者，保護之法有四：

一、不要對一般人說及此中境界，祇可對師父善知識求予印證，否則必退無疑。

二、初得入之人應在數月內停止一切雜務，一心安養正定，不涉外緣，使此定得以穩固。

三、堅持打坐入定，禮佛誦經，平時應正念相續，形成一種精進不退的念力。

四、適當地依善知識聽聞大乘佛法，以開慧解，發起菩提心，加行慈悲濟世的方便之行。因利他即自利故，道業得以增長。

由於得了事一心不亂，且保護不退，身心恆處安詳法樂之中，並不斷地深入體會佛法的真理，對世態也看得更透徹，因此，臨終之時就有預知時至的智慧，能自在地撒手西歸。

問：聽說理一心不亂的工夫比事一心更深一層，不知如何修法，證達時的境況如何？

答：理一心不亂的工夫，重在體究、返源，體此一念念佛之心究竟從何而來，體之不已，畢竟悟入一心之源。既入一心之源，全體理性即得現前。要修「理一心不亂」，可以在事一心不亂的基礎上，更進一步明白中道實相之意趣，則於念佛時不起分別對待之觀，正念無念，打破諸受，剎那即能頓入無生理體。如未得事一心不亂者，則應研究《彌陀疏鈔》、《彌陀圓中鈔》、《生無生論》、《念佛三昧論》、《念佛三昧摸象記》等，細細體究，深深返思，在念佛時，使達於即念即觀，觀念不二，如水乳交融，一旦念盡情亡，豁然大明，靈光妙智，即得現前，證到實相，此與禪宗悟入的人，更無二致。所以一切法門到最後一著，皆歸於自心淨土，即成就理體上本具的一切妙德。

至於證理一心不亂的境界，唯證者自知，「如人飲水，冷暖自知」，未到之時，不必詢問或探討，自責於自心中，深入持念，直到和念脫落時，便知家珍恆在。

以上的問答，基本上是念佛四層工夫的不同情況的說明，有心深入念佛法門者，不妨參考對照。如想進一步提高則應參學善知識，遍閱淨土經論，以作寶山之遊。

淨土九級教學次第論

佛教事業的發展，首在教育。祇有通過各種層次與不同方法的教育，佛法的真實修證纔能如理付諸實踐，佛教信仰的層次纔能普遍提高，纔會出現更多紹隆佛種、繼往開來的優秀佛子，佛教也因此在社會上纔有存在的現實價值。

天臺、華嚴、慈恩、三論、密乘等各宗派都有一套嚴密的教學系統，由淺至深，次第學修。而淨土法門，雖廣大圓融，萬法悉備，但因向來不重師承，不立次第，偏重於個人性的專一之行，故歷來祖師雖有各種修行法門的倡導，但全面攝機而漸次明確的系統或次第卻從未完整地建立。因此，雖然現在淨土信仰極其普遍，而教學卻各行其是，處於紊亂狀態。爲了振興淨土法門，使之真正在現代佛教中獨樹一幟，筆者經過多年的考察與思考，提出淨土九級教學法，以就正於淨土宗大德。

一、淨土九級次第教學法

第一級教學綱要

對初機信仰教學者，先應授予結緣三皈，使其明瞭三寶的功德，生起欣慕希求與恭敬的心理。其次，教以信佛的基本道理與好處，再導以淨土法門，令其明白末法時代淨土法門的殊勝，使其知五欲苦而求蓮邦極樂。在事行上，應教授供養、禮驚三寶之法，指導如何行善積集資糧，並令背誦《阿彌陀經》、〈彌陀贊〉、〈迴向偈〉及初步念佛、拜佛等儀規與方法。

要點：教授時力求生動隨俗，逗機啓發，應對極樂世界有完整而形象的描述，對彌陀的因地故事應詳盡而深刻地介紹。不宜涉及深奧的教理及各宗派的觀點，唯以闡揚淨土妙德，間及五濁惡世的苦惱。並要格外强調資糧積集的重要性，不可落於空泛。否則因業障深重，福德不夠，就不可能繼續進修。

第二級教學綱要

第一級學與行均較純熟後，此時先授以正信三皈，使學生對三寶的各種含義有深切的瞭解，內心生起真實的信心，決定生生世世皈依三寶，不退轉求道之心。次應詳細地教授《阿彌陀經》，令其明白經中的全部義理，進一步開發對淨土法門的真切信願。後再教授《思歸集》，中間可引用《淨土聖賢錄》的往生事迹，令信願之心更加堅固。在事行上，應授以少分五戒，力改浮躁之氣，每日定課修淨土法二次，每次宜一小時左右。此中還應教授靜坐方法，使念佛暗合於禪觀之道。

要點：教授《阿彌陀經》時，不應帶宗派觀點，宜依經本意，直暢妙義，使學人不惑於事理。淨土課宜從簡，如先禮佛，次念《阿彌陀經》、〈彌陀贊〉，再靜坐念佛半小時，繞佛念佛五分鐘，最後迴向、禮佛。念《阿彌陀經》後亦可持〈往生咒〉數十遍。早晚二次定課宜相同。教授靜坐法時，應教授對機的念佛方法，如金剛持、默念、隨息念等，使安心於佛念之中。同時應注意不可帶有氣功之意，亦不可令生身執，應令身、息、心合於念佛三昧，使其於靜坐時身心輕安，離於妄覺。

第三級教學綱要

通過第二級正見與正行的培養，已從門外開始轉入門內，在信、願、行上已有了一定的基礎，但尚不夠深入。因此第三級應繼續教授淨土經論，以令行人進一步領悟淨土法門。先教授《觀無量壽經》、《無量壽經》及《大勢至菩薩念佛圓通章》；次教授《往生論》、《淨土懺願儀》；最後教授《淨土詩》、《念佛教義百偈》。使其全面掌握淨土法門的教、理、行三者關係，圓融貫通，互不乖異。在事行上，先授以滿分五戒，行十善業；定課適當加長至二小時左右，平時應常常持名無間；進一步指導靜坐時的持念覺照之法，使其初步契入一心不亂，獲得念佛的法味，心生歡喜，道心更趨堅固。

要點：教授經典時，應照顧整個淨土教的教理行果，融貫諸說，使其從繁至簡，歸於一念彌陀，這樣方使心無罣礙，不受教縛。《淨土懺願儀》中不乏淨土修持的要妙，宜善巧而深入地指導，使全面掌握，並令每年中修習一次，但應根據實際情況來安排。教授《淨土詩》旨在策勵進修，提高興趣，故應該緩慢而教。《念佛教義百偈》是以念佛賅攝一切教義的妙訣，故隨機發揮，啓示教中真意，再以念佛而總持，能使學人在念佛中而了達一切佛法。靜坐及各種行法上發生的問題，應及時予以解決，善巧轉化。當契入一心不亂時，應教授保護之法，不使得而復失。

第四級教學綱要

以上三級偏於淨土教內的自學自修，此級則進趣菩薩之行，融攝整個佛法。菩薩行以般若為根本，故先教授以《心經》、《金剛經》、《維摩詰經》等；次教授《梵網經》，令其掌握菩薩應學修的行門；最後教授《念佛三昧寶王論》，使淨土行融合般若觀照。在事行上，先授以菩薩戒，教令隨力受持修學；在定課及平時念佛功行中，授以念佛即實相的觀照修持之法，使趣入淨土正行；教導淨七修持，使念佛定力進一步鞏固。

要點：教授般若經典，應時時會歸淨土法門，融會不二。教授《梵網經》時，應根據現代社會的特點進行發揮，教授此級經論後，應打破學人知見意解的分別，暫時停止一切經論的閱讀學習，萬緣放下，一心修持念佛之行。使心念更為清淨，外境不動，內心安寧。

第五級教學綱要

此級已不須教授經論，外學已斷，祇就內心修持上所發現各種境界及所開發的知見上解黏去縛，使其就路還家，入於道妙。在事修上，仍須加強定力，綿密念佛無間，動靜相續，夢覺一如，常使心境清明，煩惱不起。

要點：修持至此時，經論雖已圓會，但從修持上所發的見解仍較多，且易執染，故應及時破除，令其常處無心忘知之境。此時雖已證入事一心不亂，煩惱祇是伏而未斷，事緣一雜，仍會退失，故應教授保養之法，寂靜專一而修，方有可能證入理一心不亂的真境。

第六級教學綱要

由上一級的事一心不亂的繼續精進修持，觀照漸明，知識休歇，身心寂靜。此時應教其放下一切，於一寂靜外，專修念佛三昧，不管歷時長短，一直修去。在專修中，應常予以指導，勿使落於偏差。由此專修，忽然證入理一心不亂，心花開放，廣大無際，湛湛寂寂而了了常知之性，常現於前。於證境中，應考察其真偽、深淺，然後予以印證，令其承當。再教授理悟之後的保任之法，使其在諸境中磨練習氣，深觀緣起，開發差別之智。

要點：教授此級時，應善於觀察其功行的境地，如見機緣成熟，即應及時予以指示，使不錯過機會，證理一心後，印證時必使承當無疑，並融一切佛法，使其更無滯礙。保任之法除仍念佛名號外，並使在各種境界中去鍛煉，觀察社會及衆生的現象，掌握一些度生的方便法門。此時教授重在隨緣，而不應故意攀緣，更不應使身心趨於疲勞。應常使身心輕安，法味資神，安穩愉悅，方可保任不失。

第七級教學綱要

待力量充足後，即可在淨土道場、佛學院、各寺院及居士林講授淨土經論，指導淨學行者修習淨土法門。在講學中，以隨他意樂爲主，不自建立。並在一切緣會中，盡量樂喜他人，廣結衆緣，於修養上，仍須力改習氣，謹慎言行，漸使德業日充，淨業日圓。

要點：在指導講學中，注意淨土的立場，不可兼弘他宗。而在講述時，不可過多地與他宗會通，這樣容易失去淨土法門的感召力。在隨喜衆樂中，應不失清淨法樂，常使心念靈明不昧。習氣之改，非一日之功，指導修養時，應指出不易察覺的習氣煩惱，使其猛然醒覺，立刻轉化，方能收到功效。此級內不可領衆及負責事務，否則因緣未至，過早出來，易成角立。

第八級教學綱要

德業漸顯之後，衆人已有歸向之意，講經說法已受欣慕。此時可令其建立小型淨土道場，領衆修持淨土法門，於中略顯身手，對症下藥，隨機應化，使座下之衆，個個獲得淨土法門的實行之益。當德望漸高，人衆漸多之時，即可擴大道場，分數級層次，設幾處分道場，令一些弟子分領各種弘法工作，以使淨土法門普益大衆。此時須鍛煉用人之法，對各種性格根基的人，都須瞭解；對於各類人才，應善巧而用；對於一切事緣，耐心解決，適當處理，處處以德範服人，使道場中的行者，都獲得無諍的法喜。

要點：剛建立道場，言行、計畫、講學都應謹慎，不可與其他道場相牴觸，對其他宗派祇能贊歎，不可毀傷，否則道場即不能長久。在教人用人上，乃是差別智活用的地方，故應與理悟之境相應而行，不能被人事繁雜的因緣轉去，時時處處都須作得主張，心量廣大，涵蓋一切。此時在弘法中，因心量廣大故、福德具備故，即有神通、光明的開發，應教授應用神通光明之法，使在不執著的情況下，進一步開發本性的妙用。

第九級教學綱要

由上一級弘法領衆的經驗與修證上的神通妙用以及各階層的影響，在機緣和合時，可建立全國性的淨土道場，編發淨土刊物，出版流通淨土書籍，舉辦各種淨土學院及講座。此即「今生爲人師，來世作佛祖」之菩薩大行。此時除弘揚淨土法門外，還應盡力弘揚整個佛教，護持其他宗派，對社會公益事業亦應盡力，推動整個佛教向前發展。

要點：此級已無師可言，唯在自行之道確立不移，勇猛不退，但仍不離諸佛、菩薩的加持之力，以其衆緣和合之故，雖弘化而實無可得，圓成真實的智慧。以心無所執，妙明自顯，品位自然高臻。

二、淨土次第教學的靈活性

以上雖設立九級教學方案，但在具體教學時，又要根據對象的不同，分別施以相應的教學方法。

㈠、對不同根性人的教學

一般來說，下根人祇宜教初三級的淨土法，即大衆化的淨土教理；中根人則宜教中三級的內容，屬於專修型的淨土行門；上根人因智慧較利，可以通過引導，直入後三級的法門，即屬於般若淨土的啓用法門。其中次第與不次第，都須對機而用，不可拘泥。

㈡、對不同文化程度人的教學

教育程度在初中以上，可以按次第學習經論。但教育程度不高者，則在學習時就有困難，就祇能將經論的義理化爲淺顯的語言來方便教化，使之逐步深入。如果學問較高，理悟較好者，則可用高層次來引導，使其快速理悟，而入真修。

㈢、對不同生活環境的人的教學

對於工作較忙的人，就須授以簡單行持之法，儀規都可簡化，不能過於繁複，重在動中的修持法的教授。而對生活清閒的人，則應令其把大部分的時間放在學修上，使之更快地進步，早日獲得圓滿。對於不忙不閒的人，則宜早晚定課修持，並使每日有學習的時間，使之穩固地進步。

㈣、對不同年齡人的教學

對於青年人入門學修淨法門的，宜於勇猛進修，不分晝夜，以期早日獲得三昧實證；對於中年人入門者，宜穩緩，宜破其世俗的習染，令其在學修中隨分而證；對於老年人入門者，則不宜過多地學教，重在開曉其心，信願堅固後，就令其一法專持，穩固用功，安養心性，怡悅道味，則使臨終往生有把握。

總之，在教學淨土法門時，要考察對象的不同，然後以九級次第爲綱領進行教學，方能達到契理契機的效果。

淨土法門的眞意趣

境由心造，淨心為本；法隨機變，相應為妙。淨土法門既是一切佛法所歸的究竟果地，又是普被衆機的勝異方便。因此，佛在《大集經》中說：

末法億萬人修行，罕一得道，唯依念佛，得度生死。

但是修習淨土法門，首先要了悟淨土的真意，否則散心念佛，妄想不斷，也難以往生樂邦，所以列舉佛祖開示，以啓淨土圓融妙旨。

一、信爲道源功德母

淨土之爲教，仰承阿彌陀佛四十有八大慈大悲深重願力，攝此十方一切衆生，凡具信心者，皆得往生。信者，信有西方淨土，信有阿彌陀佛攝取衆生之事，我等衆生信有往生之分；雖謂彌陀攝取衆生往生，要信唯是隨自現，感應道交，究竟非從外得。如是信者，是爲真信。

宋．普照中峯明本大師語

念佛須具真實信心，一要信得心、佛、衆生三無差別，我是未成之佛，彌陀是已成之佛，覺性無二。我雖昏迷倒惑，覺性未曾失；我雖積劫輪轉，覺性未曾動；故曰莫輕未悟，一念迴光，即同本得也。次要信得我是理性佛、名字佛，彌陀是究竟佛，性雖無二，位乃天淵。若不專念彼佛，求生彼國，必至隨業流轉，受苦無量。所謂法身流轉五道，不名爲佛，名爲衆生矣。三要信得我雖障礙業重，久居苦域，是彌陀心內之衆生，彌陀雖萬德莊嚴，遠在十萬億剎之外，是我心內之佛。即是心性無二，自然感應道交。我之苦切必能感，佛之慈悲必能應，如磁石吸鐵，無可疑者。見如上真信者，雖一毫之善，一塵之福，皆可迴向西方，莊嚴淨土。何況持齋秉戒，放生布施，讀誦大乘，供養三寶，種種善行，豈不足充淨土資糧？唯其信處不真，遂乃淪於有漏。故今修行別無要術，但於二六時中加此三種真信，則一切行履無煩改轍矣！

清．截流行策大師語

所謂信者，釋迦如來梵音聲相，決無誑語，彌陀世尊大慈悲心，決無虛願。且以念佛求生之因，必感見佛往生之果，如種瓜得瓜，種豆得豆，響必應聲，影必隨形，因不虛棄，果無浪得，此可不待問佛而能自信者也。況吾人現前一念心性，終日隨緣，終日不變，橫遍豎窮，當體無外，彌陀淨土，總在其中，以我見佛之心，念我本具之佛，豈我心具之佛，而不應我具佛之心耶？往生傳載，臨終瑞相，班班列列，豈欺我哉！如此信已，願樂自切。

二、願力不思議

清·夢東徹悟大師語

云何爲願？一切時中，厭惡娑婆生死之苦，欣慕淨土菩提之樂，隨有所作，若善若惡，善則迴向求生，惡則懺願求生，更無二志，是以爲願。

明·蕅益智旭大師語

願我命終時，滅諸障礙，面見阿彌陀，往生安樂刹。生彼佛國已，成滿諸大願，阿彌陀如來，現前授我記。

〈文殊師利發願經〉

願有通別、廣狹、遍局。通如古德所立迴向發願文。別則各隨己意。廣謂四弘，上求下化。狹謂量力，決志往生。局如課誦有時，隨衆同發。遍則時時發願，處處標心，但須體合四弘，不得師心安立。

明·幽溪傳燈無盡大師語

三、一行三昧的大道

文殊師利白佛言：「世尊！當云何行，能速得阿耨菩提？」佛言：「一行三昧。善男子、善女人，修是三昧者，速得阿耨多羅三藐三菩提。」文殊師利言：「云何名一行三昧？」佛言：「法界一相，繫緣法界，是名一行三昧。若善男子、善女人，欲入一行三昧，應處空閑，捨諸亂意，不取相貌，繫心一佛，專稱名字，隨佛方所，端身正向，能於一佛，念念相續，即是念中，能見過去、未來、現在諸佛。何以故？念一佛功德無量無邊，亦與無量諸佛功德無二。若得一行三昧，諸經法門，皆悉了知。」

《文殊師利所說摩訶般若波羅蜜經》

菩薩坐禪，不念一切，惟念一佛，即得三昧。

《坐禪三昧經》

攝心念佛，欲得速成三昧，對治昏散之法，數息最要，凡欲坐時，先想己身在圓光中，默觀鼻端，想出入息，每一息默念阿彌陀佛一聲，方便調息，不緩不急，心息相依，隨其出入，行、住、坐、臥，皆可行之，勿令間斷。常自密密行持，乃至深入禪定，息念兩忘，即此身心與虛空等，久久純熟，心眼開通，三昧忽爾現前，即是唯心淨土。

元·虎溪尊者優曇普度大師語

修一相念佛三昧者，當於行、住、坐、臥，繫念不忘，縱令昏寐，亦繫念而寢，覺即續之。

《念佛三昧寶王論》

四、菩提心念佛

凡信淨土法門者，發願自度度人，同證佛果，即是菩提心矣。專修念佛，見得世間財物無一可樂，不起慳貪想念，即與施度相應矣。專修念佛，逆境現前，不生瞋恚之心，即與忍度相應矣。專修念佛，心不散亂，即與禪度相應矣。專修念佛，不受世俗愚迷，即與智度相應矣。初行之，即日用尋常，漸次增進，便成菩薩妙行。

清．楊仁山文會居士語

五、念佛加行

念佛加行有：一曰莫妄想，凡對一切境界，並將爲空，不可執著以起想念。世間受生，皆由妄想所成，此乃生死根本，不可不知。二曰耐冷淡，世人造業，都由耐不得冷淡。現欲做個出世賢聖，現與世俗貪逐五欲無異，不唯佛不得成，閻羅老子不是瞎漢。何緣妄想？就因耐不得冷淡，此是大大病根。若見除此二病，心內自寂靜，智慧自光明，於佛法有趣向分矣！

民國．劉洙源復禮居士語

六、轉心了妄

若念佛之人，塵垢未淨，惡念起時，須自檢點，或有慳貪心、瞋恨心、癡嗳心、嫉妒心、欺誑心、吾我心、貢高心、諂曲心、邪見心、輕慢心、能所心，及諸逆順境界，隨染所生一切不善之心，設或起時，急須高聲念佛，斂念歸正，勿令惡心相續，直下打並淨盡，永不復生。所有深信心、至誠心、發願迴向心、慈悲心、謙下心、平等心、方便心、忍辱心、持戒心、喜捨心，禪定心、精進心、菩提心，及一切善心，常當守護。更要離非梵行，斷惡律儀，雞、狗、豬、羊，慎毋畜養，畋獵漁捕，皆不應爲。當隨佛學，應以去惡取善爲鑑戒！

元．虎溪尊者優曇普度大師語

須知起念即妄，念佛之念，亦妄非真。何以故？真如之性，本無念故。但因凡夫染念不停，不得已，故借念佛之淨念，治其住塵之染念。蓋念佛之念，雖非真如之本體，卻是趨向真如之妙用。何以故？真如是清淨心，念佛是清淨念，同是清淨，得相應故。所以念佛之念，念念不已，能至無念，故曰勝方便。

民國．江味農居士語

七、杜境斷愛

杜境有道乎？曰：「杜境者非摒除萬有也，亦非閉目不觀也，即境以了其虛，會本以空其末也。萬法本自不有，有之者情，故情在物在，情空物空，萬法空而本性現，本性現而情念息，自然而然，非加勉強。」

明．幽溪傳燈大師語

念佛求生淨土，是要了生死大事，若不知生死根株，畢竟向何處了？古人云：「業不重不生娑婆，愛不斷不生淨土。」是知愛乃生死根株，自有生死以來，生生世世，捨身受身，皆是愛欲流轉。而今念佛，念念要斷這愛根。即日用現前，在家念佛，眼見兒女子孫，家緣財產，無一不愛，則無一事一念不是生死活計。正念佛時，心中愛根未曾一念放得下，如此念佛祇聽念，愛祇聽長。且如兒女之情現前時，迴光看這一聲佛，果能敵得這愛麼？以愛緣多生習熟，念佛纔發心，甚生疏，又不切實，因此不得力。若目前愛境主張不得，則臨命時，祇見生死愛根現前，畢竟主張不得。

故勸念佛人，第一要生死心切，要斷生死心切，要在生死根上念念斬斷，則念念是了生死時也。所謂目前都是生死事，目前了得生死空，如此念念真切，刀刀見血，若不出生死，則諸佛墮妄語矣！

明．憨山大師語

今時淨業學人，終日念佛懺罪發願，而西方尚遙，往生弗保者無他，愛椿未拔，情纜猶牢故也。若能將娑婆恩愛視同嚼蠟，不管忙閑動靜，若樂憂喜，靠著一句佛號，如須彌山相似，一切境緣，無能搖動。或時自覺疲懈，惑習現前，便奮起一念，如倚天長劍，使煩惱魔牢，逃竄無地，亦如紅爐猛火，使無始情識，銷鑠無餘。此人雖現處五濁之鄉，已渾身坐在蓮花園裏，又何待彌陀授手，觀音勸駕，而始信其往生哉！

清．截流大師語

八、福慧雙修

修慧在乎觀心，修福在乎萬行。觀心以念佛爲最，萬行以供養爲先，是二者乃爲總持。吾人日用一切，起心動念，皆是忘想，爲生死本，故招苦果。今以妄想之心，轉爲念佛，則念念成淨土因，是爲樂果。若念佛心心不斷，妄想消滅，心光發露，智慧現前，則成佛法身。衆生所以貧窮無福慧者，由生生世世未嘗一念供養三寶，以求福德，直爲生死苦身，念念貪求五欲之樂，以資苦本。今以貪求一己之心，轉而供養三寶，以有限之身，隨心量力供養十方，乃至一香一花，粒米莖菜，其福無窮，故感佛果華藏莊嚴，爲己將來自受用地，捨此則無成佛妙行矣！

明．憨山大師語

九、念佛止觀

當念佛時，不可有別想，無有別想即是止。當念佛時，須了了分明，能了了分明即是觀。一念中止觀具足，非別有止觀。止即定因，定即止果；觀即慧因，慧即觀果。一念不生，了了分明，即寂而照。了了分明，一念不生，即照而寂。能如是者，淨業必成。如此成者，皆是上品。一人乃至百千萬億人，如是修，皆如是成就，念佛者可不慎乎？

清．徹悟大師語

不雜即止，止者定之機，止雜念而正念現前。雜念有三：一善念，一惡念，一無記念，三者除盡，方為不雜。心要寂寂，寂寂則善惡念不生。心要惺惺，惺惺則無記念不生。佛外無念，故常寂寂，念中有佛，故常惺惺。不住即觀，觀者慧之機，前一句過去矣，後一句未來也，現在一句亦不住，了了分明而不可得，不可得而了了分明。若於念佛時，不昏不散，止觀定慧，念念圓成。

清・妙空大師語

十、唯心識觀

但動口唇，用金剛持法，不拘多少，總要字字從心裏過，心憶而後動於舌，舌動而後返於心，舌觀有聲，耳還自聽，是爲心念心聽也。心念心聽，則目不妄視，鼻不妄嗅，身不妄動，一個主人翁被阿彌陀佛四字請出來也。

或金剛持仍嫌著迹，古有至巧方便，無用動口出聲，但使繫心一緣，微以舌根敲擊前齒，心念隨應，音聲歷然，聲不越竅，聞性內融，心印舌機，機抽念根，從聞入流，反聞自性，是三融會，念念圓通，久久遂成唯心識觀。

清・妙空大師語

十一、念佛賢聖

學佛者無用莊嚴形迹，祇責真實修行。在家居士，不必定要緇衣道巾，帶髮之人，自可常服念佛。不必定要敲魚擊鼓，好靜之人，自可寂靜念佛。不必定要成羣做會，怕事之人，自可閉門念佛。不必要入寺聽經，識字之人，自可依教念佛。千里燒香，不如安坐家堂念佛。供養邪師，不如孝順父母念佛。廣交魔友，不如獨身清淨念佛。寄庫來生，不如現在作福念佛。許願保禳，不如悔過自新念佛。習學外道文書，不如一字不識念佛。無知妄談禪理，不如老實持戒念佛。希術妖鬼靈通，不如正信因果念佛。以要言之，端心滅惡，如是念佛，號曰善人。攝心除散，如是念佛，號曰賢人。悟心斷惑，如是念佛，號曰聖人。

明．蓮池大師語

十二、事理一心

憶念無間，是謂事持，體究無間是謂理持。憶念者，聞佛名號，常憶常念，以心緣歷，字字分明，前句後句，相續不斷，行、住、坐、臥，惟此一念，無第二念，不為貪、瞋、煩惱諸念之所雜亂。如《成具光明定意經》所謂「空閑寂寞而一其心，在衆煩惱而一其心，乃至褒、訕、利、失、善、惡等處皆一其心」者是也。事上即得，理上未徹，惟得信力，未見道故，名事一心也。

體究者，聞佛名號，不惟憶念，即念反觀，體察究審，鞠其根源，體究之極，於自本心忽然契合。於中復二：初即如智不二。能念心外，無有佛為我所念，是智外無如；所念佛外，無有心能念佛，是如外無智。非如非智，故惟一心。

二即寂照難思。若言其有，則能念之心本體自空，所念之佛了不可得。若言其無，其能念之心靈靈不昧，所念之佛歷歷分明。若言其亦有亦無，則有念無念俱泯。若言其非有非無，則有念無念俱存。非有則常寂，非無則常照。非雙亦，非雙非，則不寂不照，而照而寂，言思路絕，無可名狀，故惟一心。

斯則能所情消，有無見盡，清淨本然之體，更有何法而為雜亂，心見諦故，名理一心也。良以事依理起，理得事彰，事理交資，不可偏廢。然著事而念能相續，不虛入品之功；執理而心實未明，反受落空之禍。

明．蓮池大師語

十三、入品證果

信願既具，念佛方為正行，改惡修善皆為助行。隨功力之淺深，以分九品四土，纖毫不濫，祇須自己檢察，不必旁問他人。

謂深信切願念佛，而念佛時，心多散亂者，即定下品下生。散亂漸少者，即是下品中生。便不散亂者，即是下品上生。念到事一心不亂，不起貪、瞋、癡者，即是中三品生。念到事一心不亂，任運先斷見、思、塵沙，亦能伏斷無明者，即是上三品生。故信願持名念佛，能歷九品，的確不謬。

又信願持名，消伏業障，帶惑往生者，即是凡聖同居土。見思斷盡而往生者，即是方便有餘淨土。豁破一分無明而往生者，即是實報莊嚴淨土。持到究竟之處，無明斷盡而往生者，即是常寂光土。故持名能淨四土，的確不謬。

問：如何持名能斷無明？

答：所持之佛名，無論悟與不悟，無非一境三諦。能持之念心，無論達與未達，無非一念三觀。祇為衆生妄想執著，情見分別，所以不契圓常。殊不知能持者，即是始覺，所持者，即是本覺，今直下持去，持外無佛，佛外無持，能所不二，則始覺合乎本覺，名究竟覺矣！

明．蕅益大師語

以上選錄了淨土大德們的法語開示，足以指導我們進行合理的淨土行持，如能經常地研讀，反思其義，並落實到實際中去，那麼，淨土法門之精華，必含育心中，念念相應，時時不離，終至圓成淨土之妙果。

覆某僧有關淨土解行書

來書從《臺》刊轉來。言業重者，業由心造，業由心轉，如向道之心恒在，趨淨之念常明，何必以業爲礙?心中有疑，成修道障，故必須一吐爲快，盡釋爲妙也！

來書云：

末學剛出家近一年，淺涉佛法，深覺佛法難聞，善知識難遇，佛法難明。

一年的出家生活在無量劫的修道歷程講，僅僅是一個微不足道的點，雖此一點，卻與大道恆不相離，祇因未明心地，故轉向外尋。因此，佛法原無淺深，逗機則妙；根機本無利鈍，熏染則異。

所謂「佛法難聞」，確是真法、圓法、妙法實難聞也。《華嚴》云：「佛法無人說，雖慧不能解。」何況依文解義，入海算沙，豈有妙悟之一日？

明眼之人堪稱善知識，非紙上談兵者，發心而圓解佛法，導入正行，且有體驗者，如具慈悲利人之心，處處以德示現而引領初機入道，方可爲依止之善知識。

佛法要在心地上明，此始覺本明也，以智印心，以境了心，以行證心，此心者佛心、禪心、妙心也。

來書云：

從前還能專修一種法門，後隨著接觸佛法面的擴展，反倒無所達成，更有被法縛之弊端，真是欲問無人，欲罷不能！今天恰好於《臺州佛教》見到大作，隱約又挑動了念佛之心，故提筆向大德請教，敬請大德不吝指教。

開始修一法而入，乃是所知愚未除，煩惱障嚴重時之救命法寶，故祇得暫時安心，根本未明故。後隨學而解雜，啓動了所知愚中的無明種子，未能解法融心，明理得旨，故反而不能安心於念佛之一門，此中根人有淺知而不如愚夫愚婦，更不如大智圓悟而頭頭是道，物物顯真者，皆在心活而不老實也。由此可知，未遇明師，應知學佛方便，初則瀏覽通俗入門書籍以起信，次則發心讀誦、禮懺以安心，再則擇一教，如天臺宗而深入研究，透徹之後，方始歸入念佛法門，或禪宗參究，或密乘修持，皆隨己意相應而修，再從修而悟明，由悟明而了煩惱習氣，習染盡而證道，證道方起大妙用也。

來書云：

弟子念佛，主要依據《文殊說般若經》、《坐禪三昧經》（可惜此二經請了多處，一直無緣拜讀）中的經文。看過三十多本淨土大德之經論，深覺多處疑問，故弟子念佛不求生於西，而以佛號來攝妄念。

既依此二經，卻未拜讀全文，大錯也！淨土古德應機說法，對病施藥，如不明所指，唯比較其論而疑其不一，質其不融，又大錯也！

現代人學佛法，一是未深入原文，未深解而深思，爲今後一切見解之大過之源。二是唯以凡夫比較的眼光來看大德的文字佛法，是未見祖師之悲心所在，大智之本，於是形成了諸多的分別執取之見心，亂評師語，產生修道上的大障礙，一疑存心，足見一事無成。三是念佛修淨土者，卻不發心求生西方，如此念佛毫無信願的動力，並無陀佛的淨緣，更無聖衆護法的助力，如何能成？如果僅作攝心方便，則反是百萬法門的一種，而整個次第、方法、經驗等，全未得傳，何能得禪定而開正慧？即使攝心入定，亦不一定能開正慧、生淨土也！

來書云：

弟子以前讀過一些大乘重要經典，並又得喜禪示，故妄自妄解佛法而妄修瞎鍊（也實苦於無處請教，真是福德淺薄，周圍有《大藏經》，卻無緣翻閱，出去參學又身無分文，實是報應，業障深重），這下問題來了！

所學大乘經典，如能圓解而銷歸自性而爲道上的增上緣。禪宗若無明師指示向上之路，反成狂妄與豁達空的殃禍，尤其對於淨土法門的正行，造成破壞性更烈。因此妄自作解，自相矛盾，對立觀法，分別取捨，乃是修道人苦惱的根源。所謂福薄，關鍵在發心不大，心量不廣，忍苦不夠，靜心不正，還有見他人之過，不滿現狀等因素，凡此，一切皆成逆緣矣！

來書接著問了十三個問題，逐一答覆如下：

問㈠、佛號確實可伏妄攝念，但弟子發現念與不念並無差別，念其他名號也無差別，祇有在妄念連續而失去佛號時纔知佛號作用，故在人能覺妄時，也不想念佛號，並且弟子用「空」來覺妄，似乎比佛號攝心效果更好，何故？一切本空，故當下狂心頓歇。這就失去念佛號動力，常行無心無願之行，豈不更好對治煩惱，用佛號伏妄反無「空」慧產生！

如果在念與不念並無差別時，說明已經伏妄，可以就此深入念佛正定與正智的工夫，到打成一片時，智慧從內而發。念其他名號有差別而你並不了知，如信心、願力、緣份、意樂、境界、聲量等都有不同。因爲你祇重視自心中的妄念，又被其所縛，故竟未在靜心中發現其差別性。歸入性體的淨明湛寂是本體無差別智，通過一切差別緣起而不住著是起用的妙差別智，於中便知方便運用。

當你「妄念相續失去佛號時，纔知佛號作用」。說明念佛名號正可斷妄而證真。能覺妄的覺也是念佛，祇是不念名號之佛聲，而念佛性之覺照，一表一裏，同是念佛的作用，祇有到了能念所念，或能覺所覺脫落時，方纔見到本來所具的彌陀性海。

用「空」來覺妄與用「念」來攝心，一用事相工夫，一用理智起照，當然空智對於明理者而言，力量更大，因爲是內心自覺的流露，而不是外在的强加也。如能離開兩頭，空不住空，有不著有，當空覺去妄，歇下狂心之際，不妨了了分明地念佛名號，此時空性起用，悲智不二，事理圓融，正是淨土妙門也！

如果失去念佛的動力，足見最初的因地即不在淨土上，而偏於空理。若常行無心無願，恐落偏空消極之自了漢也，而且此所謂無心無願，並非真無心、真無願也，何故？如真達無心之境則內如枯木，外顯威嚴，一切運作悉從無心中妙機變化，如真達無願之境，則大願普被，隨緣而發，救度衆生，不著彼我。

有煩惱知見，所以著在對治；煩惱性空，何用「空」來對治？不修而修，不治而治，無論明眼宗師、念佛信衆，皆可從中體現佛性真旨矣。

問㈡、弟子前幾天佛號已能在白天基本上念下去，但忽然發現，在念佛過程中如果出現了四禪八定等其他禪定或三昧，是繼續念佛還是去修三昧，如果不去修，智慧又怎麼會開呢？何況各人善根不同，證入方便也一定會不同，諸法現前又怎麼現前呢？

念佛不起禪定知見，不求開悟，祇是念佛，更無異心。如是任運而去，真念到能所脫落時，自然心佛不二，全體顯現，智慧迸發，一切功德不求而自至也。解經義乃是有漏解慧，爲方便入門之嚮導，啓發信心之良機，不可入行之後，仍執知解，反成分別取捨。此知識分子或閱經論而不明旨者，造成用功時的最大障礙，反而不如老太婆之一心念佛。諸法現前，即無生妙心之頓現，非禪定境界與諸義理意象。當行人念到念極情亡之際，心境兩空，寂照不二，實相本心，自斯頓契。

問㈢、爲何到西方之後還要修小乘三十七道品等法呢？

念佛人到西方後，仍未成佛，故還須進修道品，圓滿福慧，究竟成就。西方是大乘之境界絕無小乘，迴小向大之聲聞、緣覺徒有其名，而實爲菩薩也。三十七道品，大小乘通法，小乘見狹心小而用之則偏局，大乘圓見心大而用之則圓滿。故西方生者，皆學大乘之道品也。

問㈣、既然修行（我出家的目的降伏煩惱）是降伏煩惱，煩惱如能用「空」、「無願」等法降伏，那念佛號則失去意義，反增妄心之餘，長期處於攝伏煩惱狀態下，是否是在修行？「一切唯心造，皆是現識顯現，本是虛妄不實，或者皆爲因緣和合」，如此思惟而能伏煩惱，是否是在修行？

「空」、「無願」適合某些人降伏煩惱，卻不能普遍地適合一切人；念佛可以適合一切人，卻不定都能入念佛三昧。關鍵在於發心的程度，引導的理論，實際的體驗等因素來決定。念佛之初是妄心淨行，畢竟契入真心，故非一直處於攝妄，因妄心被佛號所轉，妄即成真實。如「空」心有執，此執亦妄。攝妄爲了斷惑，斷惑在於開智，開智在於明心。明佛與心交徹而不二，故無修不修。

唯心之理，識現之虛，因緣之事，能知而不迷，了而不染，照而不住，覺而性淨，則正是真修行，念佛之真實要旨亦歸於此。但爲不明理者暗入，已明理者即可事理不二，所謂「般若與淨土不二」，「全事即理，全理即事」，無二無別。

問㈤、弟子已能做到醒來就念佛（那怕還在牀上未動），現已經退失，何故？就是不明白執持佛號不捨能生慧道理在何處？且一天甚麼書都不想再讀，但如按某些大德之話，執持佛號一直到往生，那顯然不能利人，或者不證到實相之前一直無慧，無慧即無方便，即於當今現實環境難以專一修持下去（給人閉關或專修之條件實是不多，這也許是末法共業吧）。

醒來即念佛，是念佛初步得力的表現，說明在無意識中亦能自然念佛。如深入下去必得事一心不亂之正定，藉定而顯智，必得惑斷證真，則理一心不亂至。理至必開慧，故不必外求文字也。

但念佛名號乃方法，信解乃發心與正見，願乃動力，缺一不可。念佛之人，一邊用功，一邊還應熏習佛法，開發智慧觀照之力。因此，對修行有利的書應當有選擇地閱讀，對大德的開示應虛心地去對照運用。而個別的現象因智力的關係，卻不能多學，否則對不同的見解無判斷力故，反亂其念佛之淨心，使原來功行退失，你退失睡醒的工夫，也即是例證。

未證實相前，祇有解慧而無證慧。故有漏且無方便，不但難自利更難以利人，故不如放下一切，一心念佛，到山窮水盡時，自然妙智大開。

淨土法門是異方便，貴在專精與恆久，祇要一直念下去，並隨緣度日，方便利人，就路還家，定日臻圓妙，而道力漸成，故並不需閉關專修，如個別有條件且有明師指導，方可入關克期取證也。

問㈥、i：事實上一個念佛人如果無條件入定，則始終難以自利利他，真實情況也是：念佛之人如果僅是讀《淨土五經》，在當今現狀一般人無機緣生西，那怕工夫成片，也是無甚麼方便，煩惱層層，何故一個人真正用功修行時纔真正知道修行之無上之難，佛法之真正難於明瞭。何況還處於麤重煩惱嬉笑之中的人呢（這些人雖未憂死苦，祇是未現前而已，整日在爭名奪利，閒談是非，祇是堪忍苦而已，今天寫這些又已離道太遠，出輪迴希望又少了一些）？因自己無方便，處處問法不但得不到利，反增雙方業障，更加深棄佛號而修其他大乘佛法之念頭。

真念佛人，放下攀緣心，決志向西，厭欣具足，必得禪定現前，不但禪定現前，諸佛也放光現瑞，授手垂慈，消無始業，成無量德也。利他自利，全在念佛心中圓具。

誰規定僅讀五經？淨土有廣義——華嚴等一切佛法皆是；有狹義——西方淨土是。有理——法界淨性皆是：有事，十方皆有。故有見其知識有限而不令廣閱者，指以五經；如識見廣大，圓心普照，則無一法而非淨土之法也。

工夫成片，煩惱必已伏，隨力用之增上，智慧之照徹，煩惱必層層脫落，故祇此方便，更不令其他方便也。

因爲你被分別心所蓋，祇見煩惱假相，不知如來藏德之妙用，凡夫心念佛即入佛性之德，何煩惱而不斷耶？

而不認真念佛而逐境生心，趣外奔逸者，此又當別論，不能怪淨土法門之不妙，乃衆生發心不切，亦佛門弘傳不力、指引不正，致使世人雖信歸三寶而不明修行。見此，應當發心，速開智慧方便，利樂衆生，使出自心之輪迴而證本具之大道也。

問法應虛懷而具禮，虔誠而真心，始有入法之資，否則諍論是非之心必起，又造業矣。

棄念佛號而修大乘，豈非與自己結怨乎？一切佛法皆念佛法門也，捨此逐彼，皆圓解未開之故。

ii：愚自認爲凡能對治煩惱之法，能當下伏住煩惱之法即是契機之法。佛經是佛之知見，按佛說之法指導生活就應該是在修行，不知對否？

伏斷煩惱確是對機，但應有一貫的方向，有一行的三昧，不可朝三暮四，否則忙亂於法門，顛倒於事相，僅得暫時之好景，未爲久行之根本也。

佛經是佛之知見沒錯，但須真悟佛語而成心行之智，解方便而行正道，方可稱爲佛之知見，何其難也！世人多有依文解義爲佛之知見，結果錯謬知見，鯁在心中，使生活行持皆成悖論。

iii：現在既然有智慧（佛法、文字）現前，又爲何一定要等到定中得慧呢？更何況定中得慧，無大乘經典印證指導，也不是真實之慧（我不知一些淨土行人為何如此說：「我甚麼書都不必看了，一句佛號就是？」「定中自會一切明白」，但弟子看經之後，卻發現並非如此，一切外道有各種禪定，卻得不到佛法，《觀無量壽經》中明確寫著定中所得之佛法與修多羅不合，則為妄想，可是一些古今大德卻隨便把自己之話作為定論，淨土大德之話之相互矛盾多處，以至使人無所適從，經書又擅改動，刪節到處出現，譬如上海書局出版的《涅槃經》（南本）竟有近三十處之多疑誤！人呀！自己害自己，根本無人知道善導大師是彌陀化身，即硬要如此大肆宣揚，真不知用心何在？真正通佛法之大德，所說這法絕不會相互抵觸，弟子因貪而多讀經論，以致造成今日之法縛，唉！搖搖頭，出去玩一會）。

文字非真智慧，定中在無念心中顯現的空明淨覺，纔是真智慧，此智能斷惑而照性，明顯萬法，一心無礙。故經云：「心識澄精，了了分明。」是為真智慧。定中開慧必須印證方無誤，否則有些人祇有意解的影子，浮滑的文字習性，作詩作偈，自以為有智慧，皆不符合也。

看書不等於有智慧，像你愈看問題愈多，就是沒智慧，如真有看書的智慧，正可透過文字而解決一切疑難，消盡一切迷惑，對一切萬法都有一個合理的解釋，而於自心安然入道，毫無罣礙。因此，看書要善巧，無善巧，不如不看。佛法也不在文字的多少，而看領悟程度與見地的正確與否。有人一句偈即可成道，有人學了五十年卻不明佛法是何物，於此必須注意也。

若無正見，定中所顯皆非智慧，外道是如此，念佛人也是如此。《觀經》所言可為學道的標準。大德之言要看對誰而說，方便之言，無定規則，矛盾相抵，正可圓理事而通達。

經書的疑誤乃翻譯過程所造成，屬於歷史原因，不必苛責。可取其意而悟其理，不可誹薄古人也。

不但善導大師是彌陀化身，如你一心念佛，淨念相繼，也是彌陀之化身，豈但是化身，如能解行相應，三昧現前，親證彌陀本性，則當下即全體與彌陀不二，何可再分別耶？

佛法正是在對立矛盾中顯出大智慧，真俗二諦，性相空有，皆矛盾也，此乃佛法之無上圓妙大智正於是中全體顯露，祇是學人不了，偏執一方，誤解全體，造成矛盾的心理。可見能說矛盾佛法而無定法可說者，方是大智慧人也。

問(七)、i：不看經一門深入，開始倒還清淨，但到一定時候，如不讀大乘，簡直處處行不通，這實是令人傷心之事。畢竟大根器之人極少極少，方始真信末法億萬人修行，罕一得道之真實不虛。而大乘之經論，a、難懂，翻譯之障礙；b、疑誤太多；c、大德解釋差別太大，這實是增加了行人正信難度，信不堅固，實難修下去，如持名念佛到念而無念（過去念，念不分，造成許多誤解，弟子倒覺許多大德講經說法都僅站在自己境界、立場詮釋佛法，如此之法於四海皆準，實是令人難以深信），無念而念，即是入實相，既然都是修實相，那修其他法門入實相豈不也可？特別如果能契行者之機，又爲何一定要念佛呢？

有些人有明師直接指引，不讀也罷，如自行無善友，則是應研讀大乘，使信解而行正。故經稱能不由解而信淨土者，乃善根福德深厚之人也。

末法修行，得道確難，而得佛法利益而安心入法，而轉妄向真，而後世增上，而往生西方者，確實大有人在。其中部分大根器人，亦可開悟而見佛性，或因修法而證三昧。

大乘經論須有人講授方能圓解，所述三點，本不成問題。一、難懂則可擇一、二經入門，如《維摩詰經》、《楞嚴經》等；二、疑誤則取其中正；三、解不同則合機即用，不合暫置也。此三皆因信心不足，無人引導所造成。

實相不屬修證，本具本然也，念佛入與他法入皆同。唯有大衆機緣在念佛，彌陀大願普與此方有緣故，所以念佛法門得以普傳，但如西藏行於密乘，歐美興於禪與密，其他如天臺止觀，心中心密法，皆可入實相也。

念佛貴自辦肯心，不勞人勸，誰又勉强叫你念佛了？有些現代大德過於慈悲，認爲禪、密不合機宜，唯有念佛得出生死，此不明衆生機緣，不了佛法精義也。提倡念佛以普攝，隨方指引而利人，法豈有一定哉？

……更何況《無量壽經》經義深奧難懂，並非僅重一句佛號，全經似乎對大乘經義已廣涉，祇是不詳，現代行人卻大力宣揚僅一句佛號能萬能？我真無法明白理由何在？故現止住未念了，理未明，又怎能深行？特別是古今淨土大德，他們自己既然不能從佛號中獲益智慧，又爲甚麼强調後人僅一句佛號呢？如果他們不是通曉三藏之後纔深信念佛，他們還能說法嗎？特別是淨土一些人宣揚老太太、老爺爺幾年就往生，這實是經不起推敲之語，更何況大德之話本身差別太大，而中國環境在變，貪、瞋、癡三毒未變，法又豈會變得截然相反呢？

《無量壽經》是大乘法義中的部分，亦未全攝圓融妙諦，特就淨土有門而論大乘行持。有人提倡佛號萬能，此乃過頭之論也。佛號是念佛中的一種方法，卻非萬能，如無大乘正見與正發心，無大心量行大法，則佛號有作冥錢用的、有作祈福消災用的。可見圓融地弘揚佛法是極其困難，高則低不就，低則高不願，太圓則近乎玄，太方則類乎執，故說法難矣！

古德通過閉關修持，以其經驗知道證道艱難，故而以其所學所修的體悟來領解淨土法門，又以淨法的簡單直捷來指導時人用功，則不知省卻後人多少冤枉路，而後人不明其方便度人之旨，反而自以爲聰明，又去走古人走的古法，因福德智慧不如古人，則能走通者又有幾人？如此還不如一邊熏修、一邊念佛。從念佛心中宛具一切佛法，使博而歸納，從遠而行近，使即生得大利益而臨終往生。

大德話語之差別，一由個人的體悟不同，二由衆生因緣有異，故從不同角度而發論說之機。如有不對你機的，大可放下不管，也不必持批評意見，反增負擔與障礙。

塵境與三毒，全由心顯，了心則無塵可染，了境則三毒何施？真念佛人，西方目前，生死不計於懷，何來如此多的事端與想法？

當你透過相反的法，纔知相成正在其中包含著。

問(八)、念佛能得清淨心，其他法門有的似乎更適合當代修清淨心，那爲甚麼一定要棄佛法而去持名念佛呢？弟子深覺，其他大乘經典。如果不存在，那麼淨土也一定無法存在下去，《無量壽經》中許多內容需要其他經典解釋，當今修行無方便（初級），實是極易退心，增加煩惱。

大乘佛法顯淨土，淨土真境證成大乘佛法，念佛無二，清淨心亦無二也。因此，佛法者，淨土之佛法，淨土者，佛法之淨土。故棄佛法而論念佛，大錯也，斥淨土而論學佛者，更大錯也。

無大乘經論則初心難入，此衆生界緣起不同，故佛門弘揚宜隨機倡導，不可偏局，反增疑謗。

問(九)、一切無常，爲何西方常呢？假如有人僞造「他方某世界，五欲常住，持××號幾日一心不亂可到……」這又怎麼破呢？

西方即無常而常，此方即常而無常，相有生滅，性無變遷，此西方聖賢之心智；性常不動而妄見遷流，此娑婆凡夫之妄見。

彌陀之後有觀音接住而示現成道，豈非無常耶？

西方淨土佛願力所證成，豈世人僞造可比？妄立法門，一則毫無加持；二則本無事實；三則引入歧途，則罪墮惡道。

一切佛法由佛果證中所流出，自無虛妄，故應誠信敬重，非同兒戲也。

問㈩、一切唯心造，皆是妄想顛倒執著，知幻即離，又怎麼生起利他行呢？

「一切唯心造」不等於「皆是妄想顛倒」。心淨則淨緣起而成四聖果；心染則染緣起而有六凡，六凡之位可謂妄想顛倒，非指一切也。

「知幻即離」是破執，離執而心體清淨，心淨而能起妙慧，由妙慧而通過諸種方便，故正可於此生起利他妙行。反之，如實有衆生可度，則被衆生煩惱假相所束縛，自心迷在其中，又何可利生無礙呢？

問㈡、祇念佛一概不管，怎麼度人？怎麼有方便呢？由於强執佛號不斷，反會產生無窮煩惱，還不如歇佛號伏麤重煩惱（譬如幹會計活時）？

對力量不足之人，先應教其放下，於一切不管時，一心念佛，必得感應道交，而後纔有度人方便。執持名號，資神安穩，輕安自在，何來無窮煩惱？唯有人追數執法，反亂其心，則乃數者過，非念佛咎也。

幹活如無佛智仍是世法的轉移心態，事去則凡心又動，故不徹底，念佛則雖未得道，則佛心常在，自有殊勝利益，久久在不知不覺中，而相應契入。

問㈠、誠信佛號，一切全由阿彌陀佛作主，與一切由自己作主（般若）是否效果一樣？

彌陀乃自心之彌陀，當行人誠心念佛時，於自心中即顯此佛之慈悲威德也。故謂萬德洪名，功德無量，並非由心外阿彌陀佛作主，因爲心無外也。如果心外有般若之見在，仍作不了主。其實般若即念佛，自心即彌陀，作得作不得主，全在明與不明，真不真也。

問㈢、外緣環境使人入不了定，則始終無法證入佛法，這能解脫往生嗎（祇修念佛法門，而不修其他大乘法門）？

外緣是次要的，內心則是根本，如嫌外境太差而修不成功，乃是不明修行之所以。而不入定，不證佛法，是難以往生，因散心無主，臨終易被業障，因此，在一切時處，安心念佛，不向外緣，一心攝持，持久而轉，由轉而定、而空、而慧也。

來書云：

唉！問題太多，我也厭倦問下去了，許多事當面請教最好，弟子深深體會到善知識的重要，故生起出去參學之心，但又去那裏呢？曾經去過一些廟（未出家之前），我慢太重而得不到絲毫法益，但另一方面，發現許多法師說法也僅老調重談，實是談人談己（雖說不見他人之過，但怎知別人善指導佛法呢），弟子深覺善知識必定是過來人，絕非口頭上人，在禪定方面尤為重要，現發現淨土也是如此，別人一答就是「筆直念下去，莫管它」，那麼臨死如來現前也不去，仍念下去囉？不修不知道，真修纔知業力不可思議，淨土法門艱難不可思議！一般根基之人往生實是極難（當今大德七日一心不亂標準往生），弟子更是愚陋，生死心不切，還在著重於伏當前煩惱，盡量少妄想而已，未起生西之心，而寄希望於臨終念佛生西方（如果念念知死，則必會求生西方，可無法強求）。

把一切問題扔進大海，不見法師之過，培養自己之福慧，發心求善知識教授。業由心造，乃思想影子，跳出囿禁，返本還源。因此，不要認爲艱難不可思議，此乃不明淨土法門之所以然也。

伏煩惱不錯，如欲少妄想則錯，因妄想不可得也，不住妄想境，了然念佛心，即是。

不可寄希望於臨終，目前最爲重要，一念淨心即一蓮種子，日日向上，時時相繼，臨終方能自在而往也。

來書云：

弟子想找一個專修淨土道場，能不上早晚課，不做雜事，一心專修淨土道場，唉！弟子竊以爲生死事大，出家人以了生死、證法、弘法爲宗旨，又豈在廟宇、佛事、種植上作文章呢？當今幾乎每個寺廟都不缺衣食住，卻仍去務農種植，實是食古不化，弊病太多，而收效實微，早晚課，對於淨土專修佛號之人，更無多大必要，能攝心念之人也被迫同修，實是共業，真是佛法中的八股，真是大德何在啊？

辦事、傳道、修行本是一貫的，如未得力則先可專修而成自利，卻不能反對其他有益之事務。

早晚課是寺廟大衆化修持，可攝心合衆，不可廢也，如個人不宜此課，可入塔院或住心清淨處專修。

來書云：

道場安僧爲第一，居士供養目的想必也望有人證法、弘法，可僧不能安，也祇說明主持大德修持不能服人，佛法不住於道場，把生死大事做爲末事、枝葉，弟子實是迷茫、傷心、長歎，不知何日不憂生死？

佛門中事，差別極大，不可一概而論，凡事出必有因，人有素質不同，境有優劣之別。心能轉物，隨意自在，又何必歎息耶？

來書云：

大德！《壇經》中一個偈子：「騰騰不修善，兀兀不造惡，寂寂斷見聞，蕩蕩心無著。」又：「一切處不起分別、憎愛、成敗、好壞之心，常行直心」，這種修法，對於善事，是應分別去做（做後即忘），還是回念不做不悔呢？去做，善事實非真實善事，反倒助長別人習氣，入更深邪道，並且自己也墜入一次輪迴。不做，則無方便，且更令他人生瞋，又是造業，心平靜地去做是否對呢？隨緣總不能隨惡緣吧？不分別一念清淨而不去做合於《金剛經》，弟子有時不去做（究其原因，太多事件已不合於佛法，故想真正行佛法，使之圓滿倒是難之又難，佛陀尚不能隨順提婆達多，何況我這凡夫）。

關於善惡之行，有五層：

一、轉惡行善，此人天行，能心平靜者入界內定內禪定之基。

二、空其善惡而均不為，此二乘行，即無漏無為是也。

三、斷其善惡見而廣行善法以利人，不隨惡緣而化轉，此爲菩薩初心之行。

四、善惡均不住，而能權現善惡之行，以接機濟物，廣度有緣。提婆即示惡之菩薩也，此乃深位證法身之菩薩。

五、如六祖所示，乃佛心妙行，善惡不拘，任運自在。一切痕迹皆不可得，何有善惡之行哉！

由空而明，由覺而照，個中消息，全由心悟。如有一見在心，則是非紛然矣！念佛三昧可閱「淨土十要」中《念佛三昧寶王論》，即知其義。如欲發心參學，應遍歷各方叢林，目擊心觀，自有明白之一日。

談談淨土宗的幾個關鍵問題

目前的中國佛教，是以淨土宗爲主流且普遍受到廣大信衆皈仰、學修的最大法門。因此，淨土寺院，念佛求生者到處都有。但是，衆所周知的原因，目前國內的淨土宗並不景氣，大多數的淨土道場以做經懺爲主，很少有人提倡淨土宗風，宣揚淨土教義，引導信衆深入念佛三昧。因此，廣大信衆也僅僅以做經懺求世俗之願及修雜課以爲淨土之行，其信固然不正、不真，其願焉能懇切，行持也就更加無力了。所以念佛者多，生西者少，豈非是此弊端所致？

我們並不否定，淨土宗仍有不少人往生西方，但是，我們更希望廣大的信衆都能獲得大利益，而不是少數。因爲淨土宗是三根普被的大法門，就更要注意攝受大眾，而使之不斷地提高，直到往生西方，徑登不退。

以下提出幾個問題，作爲大家討論淨土發展的方向參考。

一、研藏發慧弘揚淨土

淨土宗的弘揚、教化，應以教理作爲基礎，不要認爲祇要念佛就能生西，而不需要聽聞教義，研學佛法；應知淨土宗是建立在佛教經論之上的，是一切法門的共同歸宿。既是一個大法門，也是學佛人的果地清淨之境，因此，如果淨土宗行人失去了教理的護持修養，就易正邪不分，意境不高，發心不大，因果不明，智慧不開。如此念佛，豈能與佛相應？念佛者先要培養與佛一樣的悲智，使一句佛號心心流入薩婆若海，使一句佛號概括六度萬行。乃至諸宗法門，如此，方能成爲「阿伽陀藥，百病總治」的大總持法門。然而在現實上，許多淨土宗人固守劣慧，反對他人學習教理，認爲是雜用心處，這樣久而久之，佛的教法不就被自己的信徒破壞了嗎？淨土宗人祇有在對佛法深入地瞭解後，纔能真正建立信願，同時更應對現實人生的無常、苦、空等產生正確的認識，方能發出厭離娑婆，求生西方的正智之願

——不僅爲自己，更是爲廣大的苦難衆生而修念佛之行。

所以，我們要發展淨土宗，再也不該提倡愚夫愚婦型的念佛方式了，而應該大力提倡行人聽聞佛法，深入經藏，開發智慧。如此方能使淨土宗更具有生命力及自身發展的價值，成爲改造娑婆世界人心而廣種九品蓮的一個殊勝的法門。

二、淨土宗的修行方便有多門

在淨土宗的歷史上，許多著名的高僧，淨土的大力弘揚者，大多來自於禪宗開悟後而轉入淨土，或由天臺、華嚴等宗行人而回歸淨土，也有不少是因修密法而生西方淨土的。由此可知，淨土宗在提倡本宗的同時，更應護持他宗，構成一個整體，形成相互交流、取長補短的局面，如有人修持名念佛不適宜，也可以用禪、密各宗之法，修他宗有成就者，亦可迴向淨土以求往生，各宗派本身圓融無礙，更不致於相互計諍、矛盾，應重新形成一個大團結的佛門氣象。

王驤陸大居士在四十年代提出以禪（般若、佛之心印）爲體，以密（密法、密行、包括佛之聖號、〈大悲咒〉等）爲用，以淨土爲歸的宗旨，真正把佛門的三大宗派融在一爐而成其廣大善被。但我們也不妨把教下的教也融進去，如在禪體後，加上以「天臺爲教」或者「華嚴、法相爲教」等，那麼，淨土法門真可謂洋洋大觀，包羅萬象，生機勃勃了。

時下，不少淨土行人以專修爲名而反對他宗，或反對淨土宗人兼修他法，這種做法，其初衷不無道理，但祇適合極少數人。因爲，現時人的根基淺陋，祇有通過兼修纔能圓成道業。其實，不必論專修、兼修，因淨宗修行不單是持名，本身具足一切法門，因此，過去就有人主張禪淨雙修；有的主張密淨合修；有的主張臺淨一致等等，主要在使行人不覺乏味，日日有所進步，不論專修兼修均無不可。就是在淨土宗內，也有許多行法的，如四種念佛，《觀經》的十六觀，《無量壽經》的十念法，以及〈大悲咒〉、〈往生咒〉與觀音圓通、彌陀密法等等，如此等法，都是應機引人的方便，祇要對機，均可選擇而行。絕對沒有一法而適合所有行者的事。所以廣攝一切宗派法門而導歸於西方淨土，這是淨土宗的一大特色，弘法者，不可不重視。

三、信、願、行並重

淨土宗的信、願、行三資糧應該是並重的，如三腳香爐，但是現代淨土行人都未能認真地檢討其中的精義所在，如信之一字，古德主張應把信的含義深化，如曇鸞大師把信與淳和的實相心相統一，認爲信即是一個行人的淳和後的相應於真實心體的一種意境。蕅益大師在《彌陀要解》裏主張信要具備六種，即：信理、信事、信因、信果、信自、信他。這六種信可以說是全信或圓信，如果沒有一定的教理修養與心地的智慧，是不可能發生的。《大乘起信論》的重點是起學人之信，而信的根本在於體悟真如。然而，現代淨土行人由於無人引導，沒有很好地在信字上下工夫，以爲信很容易且很簡單，這種表面性的信仰，導致了淨業行人的素質低下，既不能認知真理，更難以悟透人事，所以修行起來便覺無力，終日顛倒紅塵，反以爲淨土容易，把這個了生脫死的最好法門當作暫時安慰貪圖眼前享受與懶於求道人的一種保護傘！

再者，淨土宗主張的發願，一是源於彌陀的四十八願的偉大宏深；二是衆生於煩惱海中非願不度。因此，淨土宗可以說是凡夫狹窄的心量藉著彌陀的廣大願力而發生一系列的昇華作用。所以，發願者，一是要懂得願的真實含義，二是要從自己內心深處發出來，三是要殷殷切切，時時不離，「厭離娑婆，求生西方」、「自利利他，同成佛道」的悲願應作爲策進道業的動力。因此，佛經中常贊歎願力不可思議；可見願非虛發，願是行人心靈世界的一次次閃光，是衆生與佛感應道交的唯一途徑。但是我們也應看到，許多淨土行人不懂願的意義，不知如何發願，更不知道願與信是一體的兩面，祇有達到了一致的交融，纔能發出真切的願來。所以淨土宗不僅要大講信的深廣義，更應經常提倡如何發願，激勵行人，把自心投入彌陀願海，時時與佛光相接，方能得佛護念而證不退。

至於淨土之行，現代人大都怕提「一心不亂」四字，他們怕的是恐要求太高，使人難以達到而不敢修行。殊不知沒有淨土宗的一心之行，那裏會有淨土往生之果？那裏有現世的法味？那能伏下煩惱開發智慧？淨土宗的不景氣除了以上的原因之外，主要的是淨土行人的修行層次不高，自證既淺，如何能指導別人？如何能有大智慧？如何能建立大道場爲衆生行方便？且淨土信願的所歸是在行上，理事二種一心不亂，正是集中體現了信願於一心的關鍵。一心圓發正智如如，淨土的微妙即可於中並現，現在可爲弘法的健將，臨終可操勝券而往生。而且，現在有所體驗，對佛法纔會親切，煩惱的伏斷纔更顯出修行的受用。

元音老人正是有鑑於此，纔出來大聲疾呼，要大家不要忘記淨土之行的重要，不要祇靠他力，忽略了自己。因爲自力愈大，他力也愈大，斷沒有祇靠他力而無自力的人能往生淨土的。

有人說一心不亂太深太難，我們一般人做不到。其實一心不亂有深有淺，如因中事一心不亂，祇要做到佛號相續，不打妄想即可，五分鐘、一小時，均可以稱作一心。當然到了果中事一心要斷盡三界的見思二惑纔行。元音老人及黃念祖居士都主張大家先達到這一種的一心不亂，其要求實在是不高，如果連這樣的一心也不去努力，那麼你所謂修淨土到底一天到晚在做甚麼事？是貪圖五欲，忙於私利？還是想在顚倒糊塗中混世過日呢？可知，一心不亂，乃佛的開示要則，淨土宗的人反對一心不亂是沒有理由的。理一心不亂雖然比較難些，但如能念到三際頓空，根塵脫落，靈光獨耀的時節，也就是因中理一心不亂了，以此所閃開的般若正智，照於現前一念佛心，時時相應，久而久之，無明頓斷，便證成了果中理一心不亂。

由此可知，淨土宗的一心不亂，是衡量行人修行程度的一種標準，也是測定行人得益多少的一個重要標誌。反對一心不亂者，不是真正的淨土行人。如果一時做不到一心，那衹能自愧修行不力，雜念太多。卻不能以廣大信衆難以一心而藉口淨土不須一心不亂，那真是敗壞法門，貽誤行人，罪過莫大矣！

四、關於帶業往生的問題

帶業往生本是一個簡單的問題，由於目前不少人在此問題上產生一些異議，因此有必要明確一下。

一、淨土宗的帶業這業乃惑業，這在無明、塵沙、見思三惑之中，偏指於見思惑，因爲淨土宗的殊勝在於不必斷見思豎出三界，而是以信、願、行仗佛慈力橫超三界，直入蓮邦。三界的業行以見思爲本，修淨業的人因念佛得力，證一心不亂，故於今生伏見思惑，不造善惡諸業，唯以淨業爲導。又因其力不足以斷惑，在其他宗的修途中是不可能出三界的，唯因佛慈悲願力故，得以橫出三界，往生凡聖同居土，圓證三不退轉。如修持得力進破見思，則生方便有餘土，所帶的則是塵沙無明之惑了。如果斷塵沙分破無明，則入實報莊嚴土，分證寂光，那麼所帶者爲「無明」了，因此，決定可以說淨土之往往所帶者是根本無明與枝末無明，絕不是所謂的善惡等業。因爲善惡現行時，行人絕不能在臨終時往生淨土，如果是善惡種子，諸佛、菩薩尚不斷其種子，祇是轉染爲淨而起妙用。所以，善惡之業根本不可論帶，祇說成不成其覆障，如不覆淨念，則不足爲往生淨土之礙。

有人認爲：「……帶業往生的業，既不專是惡業、染業、煩業，也不專是善業、淨業、細業，乃是無始以來養成的身、口、意業活動慣性的業，亦不侷限於意業活動慣性的乃至身業活動慣性的業，都要帶它往生。」其實這種慣性的本質就是無明煩惱，因爲衆生就是因爲不能逆斷這種慣性，所以輪迴不已，如《楞嚴經》所說，衆生殺、盜、邪淫的因果相續的慣性，造成世界、衆生與業報的輪轉關係。而這種慣性，究其根源就是以假爲真，見不到緣起性空的真理，因此，照不破妄情妄境，起心動念，隨逐萬法，迷己爲物，顛倒輪迴。無明如能斷掉，一些過去生中形成的慣性祇是表面的習氣，不足爲害，因此，不少聖者證道後，仍有習氣的存在。由此我們可以知道，祇有念佛到一心不亂的人，方能暫離慣性住於真實，否則，終日與妄想爲伍，何能離於慣性？在平日裏不能離於慣性——殺、盜、淫等一切迷惑諸業，臨終時又何能仗佛力而得往生？

二、祖師把淨土宗視爲帶業往生的易行道，另有一層含義，即是令淨土行人不要怕不能往生西方，不要被教理中所說的斷惑證真的艱難所嚇倒，因爲淨土宗是帶業往生的，祇要你有信、有願，一心念佛必能一生成辦，佛力不可思議故，本性力不可思議故，行人念佛力不可思議故，三力的結合便產生了巨大的功能，使行人在臨終時，一彈指頃即得往生。這一提法，可謂祖師用心良苦，等於給行人一顆定心丸。想不到是被一些不爭氣的後代兒孫借來當作不用認真修行，臨終自有佛來帶業往生的護身符，這真是可悲可痛，把一大好法門視成兒戲，不僅自害，而且更害他人，從而使一大批在世不好好用功念佛、培養資糧，到了臘月三十時手忙腳亂，絲毫不得力，那時纔懊悔平時修行不精進，一轉眼又隨業異類了。

我們真正懂得帶業往生的意義，就應倍感彌陀對我們的慈悲救護，更應該珍惜此一法門而去精進修持，期得早日相應，即生利樂有情，臨終也好預知時至，逕登上品。

綜上所述從淨土宗的未來發展大局來看，主要就是提高淨土宗的品位，不可再用甚麼便宜貨來吸引人，而是嚴格要求，認真學修，朝茲夕茲。臨終的一念雖是最重要的，但應該把當下的念念視作是臨終。處處境相視作是道場，時時發願，隨緣消業。然後，在臨終時纔能真正往生淨土。如此提倡，淨土行人的素質纔會迅速提高，佛法住世纔有希望！

淨土宗行人在病中的修持

人們都希望有一個健康的身體，以此可以承受生活的壓力，並享有短暫人生中的一切，但往往事與願違，有漏的生理因素，總是或多或少會生疾病的。維摩居士在毗耶示疾說法，正是爲了解衆生的實報病而權現的方便；天臺智者大師立疾病爲十境中的第三境。這些都說明了如何在病中修持是學佛的一個十分重要的課題。

我們想要保有身體的健康，首先要在因地上克服致病的要素。致病的要素不外殺生、食肉、惱害衆生，及一切不良的生活習慣，和不當的修持方法，要克服這些業因，就須做相應的善淨之業，如放生、吃素、利樂衆生，及改變不良的生活方式，和依明師指示的正確的道品來修持。由於過去業果不斷地流逝，善淨的行因逐漸累積，慢慢地轉換舊業，福慧果報必能隨之到來，因此，就可獲得新的生機——生命的源泉裏注入了善淨氣的功德力，可使身體日趨健康，生命就會呈現妙樂與安詳。

對於淨土行人來說，身體的痛苦與死亡的恐怖，是不會放在心上的，因爲淨土宗行人志在生西，是爲了了辦此人生真實歸宿，究竟成佛的一大事因緣而修學的，所以不管壽夭否泰如何，念佛求生淨土的信願是不會因之而動搖。由於身雖在娑婆，心已到樂邦，故對四大無貪執，對病相無縛染，心靈時時安住於佛號中。藉此一心持名的力量，就能產生三大效應：

一、由於佛陀願力，自性功德以及念力的不可思議，行人在一心念佛中，自然轉變了業力，消除了報果，開發了自性的功德。

二、由於專心念佛，對於痛苦的感覺及對死亡的恐怖，自然大大減輕，因爲依靠佛號，使心靈常處於安詳之中。

三、由於一心念佛，調動了生命本源的智慧氣，抑制與轉換了身體報果中的疾病業氣，使生理重新恢復平衡，心境也更爲清明開朗。

因有以上三個效應的關係，念佛的人就可以輕而易舉地度過了疾病的關口，同時也使淨業的功行大爲長進，當然，不能一心念佛者是例外的。如果行人壽緣當盡，也可以藉病償還宿業，由念佛之力，重報轉爲輕報，待業消智朗，臨終時承蒙阿彌陀佛慈悲願力接引而往生樂邦，圓證三不退，一生成辦修行大事。

那麼，淨土宗行人在病中應該怎樣修持？究竟有那些典型例子可資參考？以下試就《淨土聖賢錄》中的五則例子來闡釋病中修持的方法。

例一、謝春華居士病中之行

謝春華，杭州錢塘人。禀性和直，與人無爭。事親至孝，未嘗忤顏。凡善舉，竭力相助，但不知茹素念佛。光緒十年，忽染蠱脹病，醫禱無效，呻吟待盡。有表弟朱全伯居士，久奉佛法，參叩知識。一日來謂春華曰：「觀兄病苦，實是宿業，若不立大善願，念佛懺悔，恐難消除。」春華首肯，遂立願，終身戒殺放生，志心念佛。立願已，朱復教之，共念阿彌陀佛，四十九日爲期。是晚，夢僧與一丸含吞之。既寤，覺腹中響動，連下數次，當即身安。不三日，病盡痊癒。自此信心懇切，念佛靡間，凡念佛，皆預之。光緒十五年夏初，偶染微疾，飲食少進，而念佛益切。至四月二十六日，夢見西方三聖，知是往生之兆。徧告親友曰：「將生淨土。」謂姚居士明齋云：「二十八日我當西去，可來助念。」曰：「二十八不暇來。」「二十九可否？」曰：「二十九亦不暇。」復云：「若如此，定於五月初一去，如何？」曰：「初一當來送行也。」至期，澡沐更衣，面西端坐，謂諸子曰：「汝等若有孝心，念佛助我，慎勿哭泣。」既而諸友俱集，同稱佛號。約半枝香，舉手合掌謝衆。復仰目視空，若有所見，合掌向空，含笑而逝，後，異香數日不散。（《淨土聖賢錄》，下冊三編，第五十二頁）

謝春華居士雖具善性，能行衆善，但在未悟佛法真理前，不知念佛法門的妙用，故在蠱脹病中，醫禱無效時，祇得呻吟待死，由其表弟的勸告指示，使他確立了信願，明白了「病從心造，還從心轉」的道理，所以立誓終身戒殺放生，這是轉業的第一步。他更能志心念佛，則以功德力消災厄增福慧，從根本處確立了道業。

由於四十九日的精進念佛，心力與佛力相合，感應道交，故在不可思議的本性妙用中，呈現了吞丸療病的奇蹟。由於病去身輕，業消智明，故信心更爲懇切，念佛修持也更爲精進。五年後的再病，乃是業障最後的泛現，而他念佛益切，證明定力堅固，不因病而動心。現在許多人，平時無事時，也能念佛，一旦障礙到來，則求之於他法。蓮池大師在《竹窗隨筆》中說：

彼今之念佛者，名爲專修，至於禱壽命，則《藥師經》。解罪愆，則《梁皇懺》。濟厄難，則〈消災咒〉。求智慧，則〈觀音文〉。向所念佛，束之高閣，若無補於事。不思彼佛壽命無量，況百年壽命乎？不思念彼佛能滅八十億劫生死重罪，況目前罪垢厄難乎？不思彼佛言，我以智慧光，廣照無央界，況時人所稱智慧乎？阿伽陀藥，萬病總持。二三其心，莫肯信服。神聖工巧，獨且奈之何哉！

因此，念佛須專心，要全體靠在一句名號上，方能得到成就。

臨終前的預感，夢中見聖及定中入聖境，是往生淨土的三預兆，而謝居士夢中見聖，內心清明朗徹，沒有顛倒執著之念，故能於後自在地擇定日期，可見生死已經自由。到了往生之期，他安詳地澡浴更衣，面西端坐，緩緩地付囑，猶如遠去旅遊一般，這正是身心俱入聖域的妙趣。而後合掌、目空、含笑而逝，都顯示了一個往生者的自在神態，這對一般未真修淨土的人來說，更是功德妙行的溢露，留給人們信心和希望。

例二、馮日南居士病中之行

馮日南，號融午，廣東博羅人，馮達庵居士之父也。晚年，老病交迫，厭娑婆苦，遂發心念佛，求生樂國。自是，六字洪名，或聲或默，未嘗間斷。夢寐之際，時見佛光。民國甲子夏，老病益甚，起坐須人。秋七月望，病忽療，苦況頼減。十六日，空中現大蓮花，絢麗莫可方喻。十七夕，謂家人曰：「予淨土資糧既具，明日去矣！汝輩好自努力。」翌日，亟呼家人進午粥。又曰：「好好，啜此即西歸。」至申時，感三聖現前，命兒曹頂禮，時精神固甚清晰。繼續持佛號彌殷，家人更番助念。夕陽垂暮，氣息漸微，安然化去。時舉體溫暖異常，容貌歡笑，轉增光澤。數時漸冰，頂上騰騰猶熱，年七十七。（《淨土聖賢錄》，下冊三編，第七四頁）

人到晚年老相摧，未病也是苦三分，何況是老病交迫？而天下人能知壽命無多，早脫輪迴的又有幾人？因爲人們依無明妄執，執此有漏幻軀，不悟生命無常，娑婆苦多，若及時回頭，返奔家鄉，則永絕流轉，捷登不退。馮居士能在老病交迫之際，深厭堪忍之苦，遂即發心念佛，脫此五濁惡世，欣求極樂蓮邦。猶如在黑暗中，導向光明的去處，在生死大海裏，乘上了慈航，駛向彼岸。

既有信願，又能無間地念佛，正是符合淨土宗的宗旨。由於至誠懇切，念佛相應，安心漸歇而心鏡初明，故在夢寐之際，時見佛光。此光不從外來，不從內出，妙明天然，不現而現。後病甚是業力逼到極點之時，「病忽療」，則爲業消苦盡之際。由此可知，我們如在病痛苦極之時，應明白乃是業力償報的頂點，能以念佛力熬過此刻，終有光明美妙在前頭。馮居士病療後，聖境也隨之現前，「空中現大蓮花」，正是親入聖境的現量。而此聖境，雖有不有，無生而生，即心即境，心境不二。明告、啜粥、安詳的神態可掬，三聖現則再呈妙相，神清而智朗，心淨與土淨交映。安詳逝去後，體溫、歡笑、光澤及頂上猶熱等，皆是往生的象徵，所謂有真功德必有真妙相。若非淨業功成，怎麼能如此安詳妙樂？又怎能如此輕鬆撒手便去？

例三、王燕濟居士病中之行

民國王燕濟，浙江鎮海人，業農。性樸實，無嗜好。癸亥春，年七十七。其堂侄王春生，篤修淨業。燕濟一日至春生之佛堂中，默念佛號，忽聞琉璃燈爆發聲，視之，燈上現金色佛身。由是驚喜深信，日至其佛堂課佛三萬。甫二月，竟能一心不亂，三昧現前，夜間常覺一片光明，因而持念益切，旋患足腫、眼痛、氣喘等症，乃在家持念，增至三萬聲。甲子冬，又目失明，課稍輟。乙丑春，目復明，因感佛佑，雖腫、喘轉劇，而淨課益謹。潤四月望，夢見莊嚴樓閣，門皆鎖，叩門鈴得入，頓見大光明，地廣無涯際。內有頂放毫光趺坐者數位，酷肖西方三聖等像。次晨召其侄曰：「余夢遊勝地，莊嚴光燦，非可以言語形容，予志決矣，望各奮勉。」由是日夜持名，惟喘極痛甚時，稍歇而已。是月二十九日，夢見二人導至一池令浴。次晨見一老者，隨二童子，秉燭來近。至午刻，異香滿室。五月朔，告家人曰：「吾當拜佛去矣！」至戌刻，念佛而逝。逾三日入殮，頂門猶溫。（《淨土聖賢錄》，下冊三編，第八十頁）

一個修行人，應具有樸實無僞，平心正直的心地；應淡然處世，一物無所好，方能在清淨道業有立足之基。王居士夙有善根，品格本高，所以他在初念佛時，就蒙佛加被，見到了燈上的金色佛身，從而喚起宿世學佛的因地本願，確立了信願求生的大志。爾後，祇用了兩個月的精進念佛，就達到一心不亂，證念佛三昧，更可見他在念佛時，深合法門要妙，既不回憶過去，也不攀緣現在與嚮往未來諸事，一心靠在佛號上，念念相續，綿綿密密。當念到了了分明，一念不生之際，自然進入了念佛三昧的真境。由於證入三昧，心地開朗，妄惑漸消，故在夜間常覺一片光明。這些真實的道驗。使他修持更爲精進。因此，由深切的念力，擊發了無始來的業習種子，引起生理的病變，故有雙目失明諸疾，此時他課誦稍輟，正是養其神而入於寂，在靜定中，深入真境，轉變業種，去諸報障。因內有道力，外感佛佑，雙目旋即復明。而腫、喘未去，可知餘業未盡，而他再提洪名，勇往直前，打破生死牢關，捷登西方樂邦。初次夢見聖境，是預示生期將近，乃淨業功就的表現。王居士病中日夜持名，可見念力極强。而後夢入浴池，是業垢消除的象徵；親見來迎，是往生緣熟的道交而異香滿室，明告而去，三日猶溫，也都是自在往生，吉祥美妙的功德相的表現。

例四、何太夫人病中之行

王母何太夫人，王孟范居士之母也。年二十，歸王，事姑孝。民國丙辰秋，亡夫，夫人痛不欲生，常州治開和尚爲說法要，由是虔修淨業，求生西方，日有定課，七年如一日，辛酉、壬戌兩年，大病涉危，雖臥疾半載，而淨念益虔。癸亥春，舊恙時作，語孟范曰：「欲修淨行，當自斷俗緣始。」遂於七月杪，寄居寺中。八月，自知不起，罄其衣飾，命孟范爲之變價作佛事。遂延寶一法師，爲說三皈，法名顯憶。復延比丘晝夜念佛，王母亦隨念不輟，十一月初九夜，語孟范曰：「學佛之人，無所謂死，我若去時，當虔持佛號，毋戚悲以亂我心。汝亦努力精進，蓮池會上相見有期，爾時方爲真實眷屬也。」至二十七日丑初，自合掌持佛號，其家屬及寺中比丘三十餘人，同聲助念。歷二時許，聲息漸微，仍說偈曰：

累劫種蓮因，今生還成熟。
務將諸外緣，斬盡不相續。
感彼西方聖，垂手來接引。
從此生蓮邦，誓度諸衆生。

言訖，含笑而逝。至次日，手足柔軟，頂門猶溫。（《淨土聖賢錄》，下冊三編，第一四〇頁）

修學淨土法門，定課修持是極爲重要的，因爲悠悠泛泛的持念，往往散心多而定心少，雜染多而清淨少，故難以成就。如能定課修持，從少念到多念，從外出聲念到心念心聽，從心迹有作到心神元音內照，更進而從有念的能所對待，直入絕待無念的真性真念中，則淨業必能大成。何太夫人七年如一日的堅持定課，是須毅力與奮勉的。更難能可貴的是在大病瀕危之際，仍能「淨課益虔」，可見道心之堅，而修學亦甚得法，否則必難以爲繼。病癒而復發時，即寄寺修持，乃是清淨專修，預備生西的極佳辦法。而捨衣飾、作佛事、皈三寶、延助念等，皆是離俗者求往生的資糧。明智的付囑，妙湛的偈頌，都顯示了內心修證的真實，西方在即，含笑而逝。我入淨土，淨土入我，唯心之境，殊勝之道，的確是真實不虛！

例五、張媪病中之行

張媪，揚州東關人，性淳厚，與人無忤。早寡，乃長齋念佛，求生淨土，精勤懇至，三十年如一日。民國某年秋，忽遘風痹疾，纏綿牀第，日以增劇。入冬，勢益殆，病中念佛，晝夜不輟。有來問疾者，輒搖手曰：「勿妨我念佛也。」彌留時，家人環侍榻前，見其張目外矚，若有所見。詢之，則曰：「有一大人，湧現虛空，身黃金色，放大光明。」言已，念佛轉急，復囑諸人助念。頃之，聲漸低微，奄然遂逝。（《淨土聖賢錄》，下冊

三編，第一六六頁）

淨土法門重在離愛斷欲，一意西歸，而要到達心地純淨之境，須長期修學，力革習氣，由量變和質變，臨終方有保證。張嫗三十年如一日地精勤修持，已種下了淨土往生的深因，資糧已具，道果當可獲證。而病中工夫不失，晝夜不輟，更可謂定力堅固，信願不移。如此用功，進步最速。世人往往在病危時；業種翻騰，平時念佛工夫，及所學教理，不知何處去了，心中妄念紛飛，習染不斷，所謂將生死大事，束諸高閣，那還有甚麼念佛的真境現前？可見透過病境是一件極難的事。張嫗因爲平日積累深厚，方有病中勝進的真實妙行。問疾止之，乃是病中無間念佛的關鍵，否則干擾太多，必失正念，欲情或將再起。見聖境而知生西在即，故束念一心，念佛轉急，生死關頭，唯在此一著。助念，可助心力不足，內外相資，聲心相依，則往生之樂可增。奄然西逝時，雖然沒有聖境講述，可知必是乘佛光而入妙蓮，殊勝豈可思議！

淨土法門，至廣至大，至圓至妙，是末法時代最好的修行捷徑。而病中之行，又是使人速除業障，速證妙樂的最佳時刻。蓮池大師曾說：

世人以病爲苦，而先德云：「病者衆生之良藥。」夫藥與病反，奈何以病爲藥？蓋有形之身，不能無病，此理勢所必然。而無病之時，嬉怡放逸，誰覺之者？唯病苦逼身，始知四大非實，人命無常，則悔悟之一機，而修進之一助也。予出家至今，大病垂死者三，而因病發悔悟，增修進。由是信良藥之語，其真至言哉！

因此，我們不要辜負了疾病之境遇，應慶幸有此鍛煉消業的絕好機緣，試一試自己的工夫究竟如何，在臨終神識遷居之際，是否真有把握。以上所錄五則病中行例，謹作淨宗行人在病境中參考。祝願諸位暢遊彌陀願海，透過疾境，神棲蓮邦，圓心道果。

淨土宗功課簡例

淨土行者的功課因人而異，應機而設，本無定法，以能往生西方爲根本旨趣，茲簡列十法以備擇取：

一、十氣念佛法：盡一口氣念佛名號，氣應到腹，不可壓太緊，不可憋氣太久，應心氣不二，凝神而念爲妙。

二、隨時念佛法：事忙之人，隨一切處均以佛號攝心，寧靜而持，久久不忘，自成一片。

三、念珠定課法：以手捻佛珠，持念佛號，定一日之課一千至十萬聲。

四、定座念佛法：一日定二座或四座，一座念佛半小時至四小時，堅持隨息、內觀、默持、金剛持等法而行之。

五、誦經念佛法：加誦《彌陀經》、《心經》、《金剛經》、《無量壽經》等，以補自己信願、智慧、發心、定力等方面的不足。

六、早晚課誦法：隨寺院的規式而定早晚課誦的修持，平時再以念佛心而修。

七、淨密合修法：於念佛課中加〈彌陀心咒〉、心印，或〈往生廣咒〉、或修破瓦法而求生西方。也可專修某部密法而往生淨土。

八、止觀念佛法：以天臺止觀妙旨而行於淨土真修，如三觀念佛、白毫觀修法，每日定課專觀，久久成就三昧。

九、參究念佛法：平時一心念佛，同時定課參究心性之理，力透諸法根源，悟徹一心本體，顯了真智，開發真機而念實相之佛。

十、菩薩念佛法：以清淨心而發利樂眾生之願，知自心本具一切法而不捨娑婆，歸心安養，極樂明現，智慧無覺，方便具足，由此盡一切力量而行諸利生之事業，並以事業為定課，決定成就而不退屈，以此迴向法界淨土。這即是一切法皆是念佛之法，而不滯自利上，完全以利他覺他爲一生的行持。

以上十種念佛定課之法，可以針對自己的情況而定，得益則進，無利則轉，盡其一生，必得往生！

回歸之路

〈第三卷〉

家的超脫與回歸

凡是人總想有個家，無論是身是心不能沒有寄託，否則在茫茫人生宇宙中便成了無處可歸的流浪漢了。可見對家的渴望是人類與生俱來的共性。

但是，即便是如此平凡而又現實的家，卻因著各種閱歷不同的人而有極大的差異，故有世俗的家、學統的家、僧道的家與涅槃的家。從低級的基本生活的要求與滿足，直至心靈世界形而上的回歸，是人從自然走向社會，又從社會回向自然，以致於解脫塵累而入於無生的願海的必然過程。

佛在《大樓炭經》中敍述了地球人類源自於光音天人的降臨，因爲貪吃了地肥不能再神飛天際而衹有落腳於地球之家了。然後水果、稻穀的自然生長使人自足於天真的漫漫的生命之路。後又因爲貪多而人人各自佔據穀物，使稻穀必因種植纔能生長。勞動著的人們因交流而生情感，由情感而愛悅，由欲愛而變生理爲男、女之性，於是便有了世俗的家。子女繁衍、宗族相依、部落的結盟，人類對家的執著便深契於內心了。

隨著社會的發展，原始的家便豐富與複雜起來，由文字創造、概念延伸使人們認識自然，同時又以文化的印記，推向於社會的大家庭，於是國家的共業與個人的別業如此緊密地相聯相關了。

人從私我的生活體現，爲從貧窮的家發展爲溫飽、小康，以至於富有。而從社會的角度，從事於學業者，便有哲學家、科學家、文學家、藝術家、政治家、宗教家等等之學統名位之家，但是這些家仍然難以解決人類自身的生命終極的問題，故有出家的僧道繼續人類向上的探索，並通過研解生命的真諦與生活的價值以求取無上之道，所以專以修證生命之本能而離俗去纏，過著澹泊而清苦的生活，於是乎山林之下，多有高隱之士的蹤迹，所謂方外人也。然而有身皆苦，有心皆妄，山林寺廟雖則清淨，難保無漏，難復無生。因此，悟一切家皆妄，超身家心家，直入法性無家之家，於是生命便從自然、社會中回歸了原本的真實——無住涅槃的如來之家！

人生的歷練過程，必先由世俗之家而走向社會大家庭，掌握世俗諦緣起法的規律。因此，在語言上、知識上、技術上、生活上、交際上、情感上等方面一一學習與實踐過，方是具有社會性的、人格的、完整的人，然後再在人生事業的某一個高點上，以出世的真諦智慧超越世俗與學統的家，使自心超然物外，自然虛無，不再受惑人世間的名聞利養，浩浩然一出世無爲人也。但是這還不究竟，往往落於自在的消遙而不從世利樂的事業。所以最後的歸結仍是世出世間不二的圓融境地，這是佛法契合任何時代而不朽的關鍵所在。

由此可知佛法的真解脫不在別處，就是「就路還家」，這正是說明學佛者不必厭惡、逃避世俗的家、學者的家，乃至於僧道的家，而應於因緣會和的當處，善解心結，脫諸纏縛，破除執著，悟證自性。所以，人人可以修道，處處可以解脫，祇要悟人無家可家的境界，那麼即是自在無礙之人了。

佛住世時，有沙彌來求比丘戒：

佛問：「家在何處？」

答云：「三界無家！」

佛便贊許道：「你已得比丘戒了！」

三界無家就意味著：不受欲界的五欲之樂所迷，不被色界的光明境界所惑，也不因無色界的空淨而執著。出了三界的家再入塵俗中而發菩提心行六度行，莊嚴國土，利樂有情，所謂「火中生蓮」、「入淤泥而不染」，正是贊歎那些出世而又入世的菩薩的悲願智行的人。

所以我們不必被區區的小家所束縛，也不必因爲世間的學位而罣礙，更不必因僧家而苦惱，透過一切境界的住著，善用目前的條件，自覺覺他，念念慈悲，隨一切緣而救護衆生，使菩薩的家業廣大，攝受無量的衆生。所謂弘法爲家業也。

對於家的穎悟與超脫，便使我們回歸有路。因爲回歸，更使人們有了穩坐本位的安然，再以此回報衆生，因此，法界雖不同，但淨土之家常在。

漫談從生死解脫到返歸人生

學佛修行始終與生死問題相伴隨，如「了生死成佛道」，「出生死苦海，到涅槃彼岸」，「生從何處來，死向何處去」等等，都是以人類生命的生與死做爲主題而進行一系列的探索與修證的。然而，面對生死問題，許多信衆並未真正瞭解透徹，不知生死的根源是甚麼，不明瞭了脫生死的方法是如何，更缺乏向上的廣大悲願來入世度人，利濟生生不已的無數衆生。因此，就生死大事這一問題，往往都表現爲消極的、自私的、情感性的與悲哀的。卻絕少有積極向上的、普被天下的、用理智觀察及樂觀的心態來面對生死和善用生死。

人從中陰身誤入母胎的一剎那，就本著欲愛與煩惱而來，這種無明的行爲招致了未來的無盡痛苦，因此，處胎如獄及出胎後的生命的磨難都與最初的欲樂相違背；隨著年齡的增長，由於自身心的愛欲發展，以及受制於家庭，被迫於社會而不得不進行與人本能相悖的努力，所以在苦樂相間的求學與實踐中要付出高昂的代價，以獲得生存條件。得意者被假相幻覺所迷；失意者壓抑於身心的疲憊。在該經歷的都經歷過之後，人終於認識到自我的失落與空虛，於是對生的欲樂、生的意味、生的追求，漸漸厭倦，退化了對生命的激情，不是自我墮落，就是寄希望於此生此世之外的另一個生命的美好世界。從《詩經》中的對樂邦的追求，與文人們對世外桃源的嚮往，無不顯示了「人本」解脫的思想。在未真正悟入佛法真諦的佛教徒，在起始階段也就以此爲動因，引發了信仰的種子，便走向了皈依、聽聞、修持的三部曲。這一系列的活動使之暫時脫離了以往的苦惱。從而世俗的熱情被壓抑，宗教性的情感在升騰，所以，一般的信衆都是著於清淨莊嚴美妙之相的，並未在心的底層透出本具的智慧之光。於是在一般的意義上就盡一切手段去了此生，了盡此生後，就去迎接死亡一刻的超生——生向天國與淨土極樂世界。由此可知，死亡的好壞對一般的信仰者是如此的重要。但是卻不知死不等於成道，往生淨土也祇是通過最好的學校以進修佛道，蓮花的化生也僅是新生命的開始，真實的法身真性並未真開，故有待於繼續修持以達成。進一步來說，命根斷時，見佛往生，也不僅僅是指臨終的時候。

當然，從解脫塵累的意義上，人亟須「死過一回」，不然的話就會迷戀其中而煩惑一生，所以人在真正的傷心過、悲哀過、痛苦過、徹底失望之後，方纔能夠真正的放下，纔能遏制過分的、沈湎的欲望與幻想，就易消除暴戾之氣，打破過於天真的夢想。以此爲前提，人就容易在靜靜的角落裏與孤獨中，以極平靜的心情去反思自己，明智地觀察人生，在冷冷清清、無人無我的天地裏，便易被古聖先賢們的閃光的言句，喚起本性中的道心與悲心；因此，依著聖人們思考過的方式，再去作一番深刻的人生真理的檢討，導出比較客觀的結論。於是乎有絕世閉戶者、有山林隱居者、有憤世嫉俗者、有出家爲僧者，以此種種類型來實施人生的超越與回歸。

但是，如果僅僅到此爲止，祇想爲死的結果而了一切責任的話，就不算真正合格的佛弟子，就祇能在自私的行持中自生困惑，囿禁於自我生命的小圈子裏，絕對無法顯發生命的真智真能，也絕對沒有利樂人世的真價值！

日前筆者到山林之下會見一位老居士，他離羣索居已有多年了，精心經營二間精舍，刻意於中修行，還有幾位懷著同樣心境的行者也住在附近，但在這小天地裏，因爲未能溝通心意，所以並未帶來輕鬆愉快，反而處處成障，活得更累更沈重，一切爲了「求死」的他們，卻往往被生所困，因此，如果能夠好好地了生——使生得光明、生得灑脫、生得自在、生得有意義，也就對死毫無恐怖與執著了。

「死」過一回，確能給人利益巨大，卻絕不能長期滯留在死的陰影裏。藉「死」而覺悟，悟知人生的苦、空、無常、無我，使心得以解脫，行得自在，使生命有了更深層的昇華。在南海一位五十多歲的女居士，雖然學佛多年，未能明瞭真義，故常被「生」所累，因爲丈夫、子女、家務、身體，甚至彩票等，都成了痛苦的根源，這些世俗的情執，日夜不停地縈縈於心懷，使不能安心於生活，受持於心法，於是就想早早死了算了，對於身心的健康，長壽以及佛法上的利他自利的功德，一點也沒有興趣。像這倦於對待人生的人，生命力受到了嚴重的窒息，又如何能真正相應於佛法呢？

我經常遇到一些僧人，因爲沒有真正明白佛法住世的真義，全然不顧寺院與社會責任，不認真學習教理與修持勝法，也不事勞動與教化，言之，則爲出世方外人，唯爲「了死」而自修，其餘皆爲剩事，這種沒有「了生」而執著於「了死」的觀念，其實不算真了生死。以這樣的精神面貌，不但使教徒生活顯得死氣沈沈，更易引起社會人士不必要的誤會與麻煩，使佛法對社會的良好影響日益式微。

一個學佛者以出離心，解脫塵累，死盡偷心，反思自我，生發覺意，逆出生死，是整個成佛之路上的一個環節，走過了這段自心覺醒離欲的路後，就會站在人生新的起點上，高瞻遠矚，放眼天下，以智悲不二的廣大心量，重生於娑婆世界，也即以死透之後的無欲清淨的空明心中，顯現佛性普利的美德，處處以方便利樂眾生，廣接有緣。這樣，以淨妙的無情大情來開發生命本能中的無上力量，方能真正成就無上的佛道。

走向生命的眞實

人類生活在茫茫宇宙之中，恢恢天地之間，以生命靈能的智慧創造了現代社會的微妙奇觀，而每個人又都各自懷抱著理想與願望，努力奮鬥於生命的流程中，在共有的社會裏，揮灑汗水，點綴江山，其中交參著人性中的愛與恨、善與惡，又各自享有著自我行爲招感的苦與樂的回報。

生命要不斷完善，就要不斷地修養，並在漸漸地探索、磨礪中走向真實。古來的聖哲們都盡畢生的精思與修養來挖掘生命中的珍貴的智性與德性，以擴充人生的真實價值，使國土更爲莊嚴，生活更加美滿。

人的修養應從儒家的人性到道家的天性，乃至趣入佛家的佛性。病於身者治身，病於心者治心，身心兩治，妙道斯存。

一、修養三要

安身立命，安心成智，安仁至愛，此是人類修養的三要。安身需要住房、飲食等外物質與健康的四大內物質。物質需要勞動產生，積極、快樂付出的勞動是人類幸福之源，福報之本，如此安身必穩，立命必真。安心須藉聖哲的啓示，智慧的觀照，以心的如實性來圓悟生命的本性，來圓覺人生的規律，來顯發生活的妙用。如此安心無妄，成智必圓。安仁是無私的德行，大我的體現。爲社會大衆的利樂故愛，爲救度苦難故愛，爲指引光明的坦途故愛，「己所不欲勿施予人」，真能以至愛之心愛人類衆生，則安仁必大，至愛必廣。

二、苦難之路

無知、煩惱、造業是人生通向苦難之路。因爲無知、因爲不覺、因爲不了，所以人心充滿著各種各樣的煩惱。煩惱會推動行業的作業，善惡的業行會招致不同的回報。如能正視人生，就必須認真地面對煩惱，深刻地了悟煩惱的根源。到底是貪欲？是我執？是鬥諍？是無聊？一一排解，一一解脫，於是客去主在，清明的本心便會如實地呈現，不再被煩惱苦苦奴役了。所以人在煩惱時應放下、應觀察、應反問、應消融。由此得心安詳，靜思慧生，於是對於人生的問題不再迷惘無知，真正明白自己的事業，未來的前程，努力的方向。萬物齊觀，妙悟心中，正是因爲沒有煩惱之心的現實體現。而後行之於身、口、意，也必正、必真、必善、必妙，人生的痛苦即由此而解決，所以佛家說因果，正是人人在自心中的造作。

三、惡欲與善欲

人以欲爲本，生命之初受之於欲，生死離別繫之於欲。無欲將無愛恨與追求，人類社會上的一切物質、精神的諸方面將無以發展。佛家勸人去私欲、惡欲而啓開公欲、善欲，而使共同社會呈現淳淨道德風氣，人心纔得以治本而恢復光明和諧的真性。

許多人祇知飲食補品能長肉生欲，用化妝品來美容誘欲，卻不用聖哲的名言啓迪智慧觀照，不以道德的光輝去利濟大衆。佛言：人心地的美纔是真正的美，儘管外相漂亮，而六根不淨，祇能說臭皮囊盛類，假飾一時，到頭來必然腐朽不堪。

四、中正大道

人生要防「過」。過分的緊張、過分的疲勞、過分的追求、過分的依賴、過分的享受、過分的自私、過分的愛好，乃至於偏離了世間而去修習苦行，都會失去人生修養的中正大道，心理便會由不平衡而招致顛倒。所以被譽爲印度第二顆太陽的龍樹大師，一生致力於提倡中道的生活，使矛盾的生命得以調和融洽，使相對的事物得以相契於不二的妙心，使人的一切作爲都能恰到好處而事事無礙，活得逍遙自在。

五、修身治心

肉身如機器，心靈似電能。肉身來自於遺傳，心靈在於流變。對於肉身應珍惜父母的恩賜而善加護養；而心靈妙在自覺，以活的智慧來創造世界更爲美好的未來。

身心相依，身心互用，身心不二，身心一如。因此，修身必治心，心悟則無非；治心必修身，身淨則無滯。修身應知節欲防過勞，應善調平衡，保持血氣的充足，應常利他爲樂。修心則應去離偏邪、煩擾，應樹立遠大目標，智悟人生真理而向上，應不計得失，無我無著，閑靜圓明。

六、安心惜福

許多人不安心目前的景況，總想另謀高就，另闢捷徑，這本是人類進取的欲望，無可厚非，但如果不珍惜目前、努力開拓，那麼，心的才智、心的力量、心的安詳、心的寬容、心的博識等都因爲躁動不安而失去。一個無福無智、心量不廣的人，生活必然痛苦無依，必然度日如年，等到滿足了他的欲望時，不安之心又隨之而來，又在計畫貪求未來事了。一個珍惜目前的人，一花一木，一舉一動都是美的化身，生活充滿了陽光與雨露，就會惜時惜福，努力學習與工作。等到能力才能的不斷完善充實，好的機遇就在不期然中自然到來。

七、十方圓明

走向生命的真實，就須用生命去體悟人生，用人生去顯發生命妙能。推窮宇宙人生的真諦，回歸萬有的源頭，妙悟心性的覺光，證取無上的道德。因此，若無最高的理性，無以顯示最妙的道；若無最妙的智，何以圓悟最高的理？理與智相應，就能創造最美妙的精神世界與物質世界，於是生命獲得了和諧的大同，任運生命的長流而道性不變，常空常有而涅槃無住。如此宇宙便不再茫茫，人也不再渺渺，因爲一靈獨照，十方圓明，萬德齊歸，天下太平。

世界就是你自己

世界因你而創造，世界就是你自己；萬法由於你而差別，變異就是你的化現；無數個「你」形成了無數個世界，從此再也打不回完整的「你」及屬於「你」的世界。

你哭的時候，大地爲您悲歎，而你卻不適宜大地與你同在；你笑的時候，萬物助你歡欣，而你仍然祇有你自己。

佛在那裏？

心念佛時佛在心，喫飯穿衣總現成。

由是：

地獄就是你自己，天堂也是你自己；穢土由你而構成，淨土因你而顯現。猶如畫家的妙筆，流顯出一切山河人物；萬品紛呈之際，不正是他自己的那般意境？

心能轉物，即同如來。

你想成佛麼？看看你能超脫物欲情累嗎？看看你能打破私我纏縛嗎？當你真能大我不二，無緣同體時，萬物皆備於我而妙用恆沙了。

世界就是你自己。假如你擁有太陽般的光，那你就是智慧的化身；假如你擁有月亮般的清涼，那你就是慈悲的流注；如果你心如同虛空，那你必有容納萬物的雅量；假如你心常如佛心，那麼，佛就是你自己！

不同的「你」創造不同的世界，不同的世界孕育不同的「你」。

論佛教解決人類問題的方法

我們面臨著一個日益複雜、充滿矛盾的時代，迅速變化著的人類思想、經濟格局與新的生活方式，不斷地衝擊長期盤踞在人們心目中的依賴感與安全感，人格的極大差異使人類社會相互間的信任度產生了危機。所以在當今的時代裏，大多數人開始明白了物質世界並非穩操手中的真實，自我也是那麼的虛妄，但是虛僞、無奈與空虛的心靈，迫使自己隨著人欲的潮流去博擊，企圖獲得短暫的生命的歡愉與自我平衡。西方人士則在這種現象中，開始領悟人不是永遠堅固地站在大地上，而是在水上漂流，稍有不慎即沈没。當他們瞭解到東方的佛教，早已辯證地提出人是在空中運行的，一切事物當下即空，兩千年前的智慧之光，使得西方人驚歎佛教的偉大與深刻，真正洞悉了萬物的本來面目。

由於人類社會表面的繁榮與內心世界的孤獨、昏昧，構成了這個世界的諸多問題，因此，不少領悟客觀現實的有志之士，呼喚人類走出私欲的谷底，迎向崇高的精神文明的生活，不再陷於感官與物欲中作時代的犧牲品。所以，不僅是佛教界的大師們竭力倡導人類的清淨生活與慈悲精神，而且國際社會中的許多組織與宗教莫不朝這個方向努力，以改造人類認識上的種種錯誤，以及現實中的不良行爲的惡性循環。

佛教對人類問題的解決方法有其獨特的見解，因此，在現代國際社會中，佛教的思想及弘揚事業極爲活躍，且正在不斷地發展。本文謹就有關佛教對人類諸多問題的解決方法，進行系統的論述。

一、於關於問題本身的問題

從人類社會的角度看，自原始社會一直到如今高科技發達的現代社會，或者說是在人類消滅以前，無時無處不普遍地存在著各種各樣的問題。如生存與生活、社會與個人、戰爭與和平、家庭與倫理及其科學與文化等等。但是在現實人生中，解決問題與問題的發生幾乎是同步的，於是人類一直被自身與社會的諸多問題所困擾，這即是佛教所說的煩惱與痛苦。每一代人都在為解決問題而作各自的努力，以尋找自身的幸福美好與社會的安全與繁榮。但是非常遺憾的是，人類大惑於假相，不知萬有的真實性，因此，祇在表層的意念與感官世界裏，做著毫無價值的努力，正如揚湯止沸一般，湯依舊會沸騰不止。

人類在很大時期內，很少探求問題本身的問題到底是甚麼?來自何處?如何是釜底抽薪的徹底解決人類問題的方法?從佛教的智慧角度看，問題的本身是任何問題也沒有，這人類社會的一切的一切同樣一事皆無。因為歸根結柢人類在地球上的一切活動，都是虛幻心在虛幻境上對立、矛盾、執著而產生的生滅變化的假相而已。如空中的花、水中的月，本來不實，佛教中稱此為「自心現境界」。但是人們由於迷於自心，在所現的境界上因無知故產生實有其境的執著，於是便有了煩惱的困惑與身、口、意的三業，以及無盡的苦果的相續報應。所以佛陀告誡世人：

你們不要在問題的枝條上考慮解決的方法，而應當在一切問題的根部一刀砍斷，一切枝葉便能徹底解決。

所謂：「但得本莫愁末。」佛在《楞伽經》中對大慧菩薩所提的一百零八個問題，給予嚴厲的喝斥並不置一答，這就十分深刻又非常直接指示了人類對問題本身應當有一個頓悟：

在離念的清淨心上，世界任何問題即不復存在，更無解決的必要，因爲「本來無一物」，「若人識得心，大地無寸土」。

了悟問題本身在我們的自心中，這是佛教解決人類社會問題的下手處。因爲人類在兩種輪迴中不斷地造業受報，而輪迴的主體是妄我，本不可得，故能打破妄我證人無我之處，便是找到了根部的解決問題的方法了。

關於問題的根源，及其人類社會與世界諸境緣起的問題，佛教的唯識學、中觀學等有很詳盡與深刻的闡釋。譬如業感緣起論，認爲人類問題是因善惡等業而感招的。性空緣起論，則認爲萬有本性原空，緣起的現象皆如夢幻，因不覺故，而有諸問題，如覺悟本空則不隨夢境轉。阿賴耶緣起說的理論，極爲廣泛，將人類社會的諸多問題歸結到阿賴耶的功能與現行上，物質與精神的總倉庫，通過妄我的執著而反映外界、作種種事業，而所作的一切又反饋歸入倉庫。經過電腦般的調整又出現新的自我的作業。真如緣起論，是站在萬有本體上，來顯示不生不滅、永遠清淨的無相之真如原是圓現萬有的本性，任何一念一物都直接來自於真如的大能量庫。法界緣起論，更爲微妙不可思議，它顯示了任何一念、一事、一境都是法界的全體，一即一切，一切即一。因此，人類及其世界的一切，都是息息相關、彼此一體的。

在宗教的本質上，有著極其相似的對人類問題的看法。《聖經》中亞當、夏娃因爲吃了智慧果而分別出美醜。產生了妄心執著，所以被上帝（真如）趕出了「伊甸園」。此中的寓意，正是顯示了人類本來是快樂而安詳的，一切問題皆無，因爲有了世智的分別妄心，故隨著出現了無窮的煩惱與痛苦，基督教稱此爲原罪，有原罪纔有了後世人類生活相續的痛苦。對此一問題的闡釋，佛教則更系統而深刻，如馬鳴菩薩在《大乘起信論》中論述道：由於衆生無始來的一念妄動，但此時唯是空性，無有一物，因妄動故便起見物之心的「能見相」——心的能見力在一切皆空中尋求外境被自心所見，但仍然是無物之空。由於能見力的不斷呈現，便擊發了法界本具的色種——原子、電子等諸微塵而顯現了多維的世界從微細到麤顯的「境界相」，於是人類便出現在地球或宇宙中的各類星體上——上帝造人及地球。但世人因不瞭解境界本是自心所現，也不知「心本無生因境有」的道理，於是便產生了妄心分別的「智相」——吃了智慧果，開始由分別而產生煩惱對比心理與「相續心相」——被趕出了「伊甸園」。久久之後執著成自然，就以爲一切的事物都應該是如此——認識到的便是事物的真實面，遂不知不過是因「執取相」的顛倒作用——妄執根身器界爲實有而堅固不化。人類要交流，要安立名稱以標示事物，要瞭解外部世界與解決各種問題，於是就有語言概念的「計名字相」——語言的發展隨著人類的思惟形成了封閉自我的墓穴。由於思惟於概念，執著於情感，愛樂其中，便有了善惡業造作的「起業相」，業種不失，緣起無盡，因果循環給人類自身帶來相應的苦果之報的「業繫苦相」。

這整個過程的循環不已，便是人類之所以有問題的源頭，在佛教講便是無明妄想的作用，由此答案便出來了——人類問題本身即是無明妄想的循環性的造作而形成永遠無止境的輪迴與生命的痛苦等諸多問題。任何社會，任何時代，問題的歸結點均在於此，從個別的創業到集體大衆的共業，共同形成一股多元化的世界性的業力的潮流。任何個人都無法改造它，衹有使人人明白問題的本身，在於每個人自己心中的妄想，人人覺悟，人人轉業，纔能由因到果，從微至著地改變了這個世界的存在狀況，纔有可能出現如佛教所說的「人間淨土」的美好的人類文明社會。

二、如何消除無明妄心證顯人性的功德

無明妄心既然是人類社會一切問題的根本，那麼衹要消除妄心執著，便能離諸痛苦而實證人性中的無量功德了。

世尊在未成道前，曾參學過主張苦行的跋伽仙人，與主張以禪斷苦的阿羅仙人，都以爲不究竟，所以獨自到伽耶山苦行林中端坐思惟，六年苦行，仍未得道，後於菩提樹下大徹大悟。經中記悟道的經過說：

> 爾時，菩薩至第三夜，觀衆生性以何因緣而老死？即知老死以生爲本；若離於生，則無老死。又復此生，不從天生，不從自生，非無因緣，從因緣生。因於欲有、色有、無色有業生；又觀三有是從何而生？即知三

有從「四取」（能取、所取、見取、行取）生；又觀四取從何而生？即知四取從愛而生；又復觀愛從何而生？便知愛從受而生；又復觀受從何而生？即便知受從觸而生；又復觀觸從何而生？即便知觸從六入生（六根的功能）；又觀六入從何而生？即知從名色（物質與精神）生？又觀名色從何而生？即復知名色從識而生（識神）；又復觀識從何而生？即復知識從行（妄心的運行）生；又復觀行從何而生？即便知行從無明生。若滅無明則行滅，行滅則識滅，識滅則名色滅，名色滅則六入滅，六入滅則觸來，觸滅則受滅，受滅則愛滅，愛滅則取滅，取滅則有滅，有滅則生滅，生滅則老死憂悲苦惱滅。

世尊作了順逆的十二因緣觀後，到了第四夜明星出來時，豁然大悟，證得無上的真正大道，成就了無上菩提，歎出了一句驚動古今的哲理名言：

奇哉！奇哉！一切衆生，緣具如來智慧德相，但以妄想執著，不能證得。若離妄想，一切智、無師智、自然智，即得現前。

從此人間便有了智慧明燈照亮衆生的心田，千百年來無數的人在佛陀的教言中悟了大道，解決了人類最難解開的迷惑，獲得本具的佛性功德。

佛的教言是從實際的證悟中宣示出來的，它是指導我們解決人生問題的最根本的理論。所以如果在我們的地球上，人人都依佛的智慧與慈悲而行，打破我執、法執，深悟諸法實相，契證無上真理，那麼衆生界即轉變爲佛界了。

佛所證的真理即是衆生本具的理體，因此，佛在《法華經》中說：

我以一大事因緣出現於世，所謂爲令衆生開示悟入佛之知見。

衆生有了佛的知見——真正的大智慧，那麼一切問題皆可迎刃而解。因爲衆生心中，也可說在六根門頭，藏有如來藏的祕密之藏而不自知，所以佛在《楞嚴經》中爲開發這個祕藏，先是用「七處徵心」來打破妄心的執著，明心的虛妄不可得，繼而以「十翻辨見」顯示「見性」本有，不動不搖、不生不滅等，使人親見這個本有的靈知妙性，以圓成無上的功德。

由此可知「明心見性」乃是學修佛法，圓成大道的總綱，所以近代佛教實踐家劉洙源先生在《佛法要領》中指出：

佛法不是消業障、求福報、斷煩惱、了生死等等，這些都是末，唯有「明心見性」纔是根本，真正「明心見性」了，教理不學而自通，業障不除而自除，煩惱不空而自空，生死不了而自了，一切的一切都在「明心見性」的根本智慧下消融殆盡，無須再費心考慮了，所謂河清海宴，世界太平！、

那麼，甚麼是「明心見性」呢？當代「印心宗」第三代祖師元音老人在《略論明心見性》一書中下了一個十分中肯的定義：

心物即俱虛幻而不可得，我人一旦夢醒，了得身心世界本空，這就是「明心」。於是本空處，非如木石，不知無覺，而是虛明了了，雖了了虛明而寂然不動，一念不生。這是甚麼？這奇偉而平淡的景象，非吾人不生不滅，亙古長存之真如自體，又是何物？當此自體豁然顯露時，一把擒

來，即謂：「親證本來面目，亦謂之『見性』。」

這一段話極其直接而明瞭地說明了「明心見性」的當下是怎麼一回事。歷代以來，佛教的實踐者們都在朝這個方向邁進，以致完全證得自性，心地便有了智慧光明，照亮自己也照亮了衆生。中國的禪宗特別以「見性」成佛爲學修的綱宗，所謂：「教外別傳，不立文字。」全在打脫妄心徹見自性，所以元音老人又深刻地指示道：

綜上所述，「明心見性」，實爲佛教的綱宗，學佛者之圭臬，我人真欲出生死，成大道，不問修習何宗，均須向「明心見性」這一偉大目的奮鬥、前進！不可畏難而退！以一切宗派門庭施設，修習方法，無一非息心止念的手段，而這些手段又莫不以「明心見性」爲目的。故「明心見性」爲佛教各宗之總綱，如不依此總綱修習，則非佛教徒！復次，我人之有生死，因無明不覺，今如不覺破無明，揮發智光，如何能了生死？故「明心見性」爲了生死之要關，證大道之樞紐，任何宗派之佛教徒，非但不可漠視它、否定它、偏離它，而且要竭盡自己的智勇和精力，爲實現這一宏偉目的而努力奮鬥！

元音老人的指示已把佛教在世間的根本精神和盤托了出來。了得此義，即也掌握了修持佛法乃至解決人類問題的總綱。

要證得「明心見性」的境地，一定要通過一系列修持方法，佛教把一切方法歸納爲參禪、持咒、念佛、止觀的四大綱領，茲分述如下：

㈠、參禪

息下一切妄心，直接體悟現前一念未生前的本來面目，所謂：「參禪直參直，不用心意識。」元音老人提倡直指法，即用善巧方法指示人當於言下薦取本性。如根機較差則看一則公案，參一個話頭，久久也能「明心見性」。

㈡、持咒

密宗用身結印契、口持真言、意作觀想的方法使凡夫的三業轉化成本尊的清淨三業，能於持念中頓脫根塵，靈光獨耀。「印心宗」無相密系的心中心密法，正是當代最容易打開本來的殊勝法門。

㈢、念佛

淨土宗指示行人在信願的基礎上用持名、觀相、觀想、實相的四種念佛法門，使一切妄念之心與所念之佛脫落時，唯心淨土，自性彌陀便全體顯現。

㈣、止觀

天臺宗的三止三觀具有即妄而真、性修不二的功能。體真止空觀能消融萬念歸於寂靜無念的心體；方便隨緣止假觀能隨如幻緣起而行一切利生的事業；息兩邊分別止中觀能達空有平等，性相不二，一切圓融，萬法無礙。空觀成就的是片面的見性；假觀成就者爲全面的見性；中觀成就者乃圓妙的見性。

萬法歸宗，宗即見性。學佛的人從解悟到明悟直入證悟方是圓成。其中要經過打破一切相對後的空的狀態，即「山不是山，水不是水」，一切俱泯，心中不存一絲情想，由此身心世界俱空時，靈知現前，得入寂靜之輕安爲第一步。再進一步此空靈之妙知運用於生活、事業、工作之中，做一切事儘管做而無做，行而無行，心中不存執著，不住萬法，不留痕迹。所謂一絲不掛，一塵不染，一法不立，於是到達八風不動的境地，深入大悲輕安為第二步。到了最後的任何時候、任何境遇中都無障礙，任運無為而無不為，照破夢境而圓光大發。可以做總統，也可以做百姓，一切都不被所拘，此時即時達異類中行的境地（即可化入動物身中也無障礙），得入寂滅輕安為第三步。

明心見性是我們打破妄心，開發自性中一切潛能及開展利生悲智的唯一途徑，所以大凡在佛教事業中大有作為，成績突出，對全國乃至世界人類文明事業有巨大貢獻者，無一例外的都是開悟的見性人。如近代太虛大師，乃是三次開悟的人；虛雲和尚五十九歲而大悟；其他如諦閑大師、印光大師、慈航菩薩、圓瑛法師、星雲大師、聖嚴法師乃至於現在影響著中國佛教禪、密、淨三宗的元音老人，都是深得個中三昧的智慧人。因此，祇有真正開悟，纔能了斷自身的煩惱習氣；自身的習了智開，方具慈悲利世的資格，故能開創佛教偉大事業。所謂「利樂有情，莊嚴國土」，是靠著一批開悟的行者為先導，帶領人類大衆走向美好的明天。

三、如何運用佛法解決人類問題

佛陀說法度生的根本原則是真、俗二諦。真諦是爲了解脫人的情感污染與偏執，使之出離世間的相待而達於清淨之地；俗諦則是順世人需要而建立的無量方便門，使人性更爲善美，使人世間更加繁榮昌盛。弘揚真理，利樂有情的智慧，必以通達二諦法輪做爲偉大事業的指南。因此，不僅要具備對「真諦」的離情無妄的崇高潔白的意境修養，同時更應博學宗教與社會科學等領域的各種知識，以創造性的妙智運用於人類社會之中，解決諸多問題，推進人類的進步。這二方面的修養是平等不偏地融即在一起，所謂空有不二或世間法與佛法不二，均是以中道智慧體現了萬法的真實相。

依二諦法輪展開更具體的度生方法是「四悉檀」。「悉」是中文「普遍」之意，「檀」是梵文的「布施」之義。佛的弟子們總結佛陀一代時教中所運用度生的原則，分爲世界、爲人、對治，第一義的四個方面，前三者是俗諦的分化，後者即真諦。「四悉檀」的運用原則，不僅佛陀如是用，佛的弟子在具體的弘法事業中，也是處處不離、時時應用時。

在現代社會中如何具體地運用「四悉檀」？又如何確定其範圍？佛教徒對此有何見解？以下即就此等問題作一提示。

㈠、世界悉檀

面對人類社會的現實，佛教徒必以積極的態度去解決人類存在的各種問題，是使人類不斷地進化，把天堂的美妙生活重顯在人間，這即世界悉檀的宗旨所在。而在實際的運用過程中，是以整個大局爲前提，以全體人類大衆爲對象，開展隨順衆生共同需求的各項事業而作有益的努力。

譬如促進世界和平，宣傳人道主義，用慈悲之愛使人類在心靈裏消除憎恨與危害他人的罪惡。誘發人性中的慈悲與道德。同時盡量促使世界各大宗教的團結，發揚宗教中一切有利於人類和平與幸福的精神，以宗教的和諧喚回人類的和諧與互利。除此還應展開慈濟事業，興辦醫院、孤兒院、安養院等使慈悲之光溫暖痛苦無援的身心生命。

有不少科學家預言，二十一世紀將是人體科學的世界，佛教的理論與實證的經驗將會使未來的人類增輝添彩。在文化領域，宗教文化將會替代武打、色情、暴力等染污心靈的刺激性，而以崇高的追求、道德的行爲使人類再現莊嚴。

在世界悉檀中，祇要有利於人類大衆的都可以發展，但因人類社會的瞬息萬變，故也無定法可說，即應在運用過程中不能執爲「實有」而落於其中，昧卻解脫衆生真正目的。

㈡、各各爲人悉檀

由於個人的情況不同，予以幫助的方法也各異。因此，在瞭解對方的前提下，運用佛法的善巧方便，解決其個人問題以及與個人有關的家庭、生活、工作、事業等等。如現代的心理諮詢、人生問題解答乃至對機地授予不同的修持法門，以便迅速擺脫困境，開發覺智。

㈢、對治悉檀

人類有八萬四千煩惱，佛教中則有八萬四千法門。因此，無論衆生有何等的身心疾患均可在佛法中得到治療，但最關鍵的是「應病予藥」、「逗會機宜」，方能的超越，社會犯罪現象即能逐漸減少以至於消失。

施以智慧正觀、懺悔心行、禪定運動的三種方法以作對治，那麼人類即可獲得殊勝

發揮良好的效果。譬如佛教總結人類的障礙，主要有煩惱、業、報的三障，如分別

㈣、第一義悉檀

人世間根塵相對的一切存在都是緣起的假相，藉假度人是佛教常用的方便，但是最終的目的仍是使世人打破迷執、悟入真實，所以佛經中稱此為：「先以欲勾牽，後令人佛智。」第一義悉檀即是先入佛智的方法。當然真正的佛智是不斷世間覺的，一切平等無礙，圓滿周遍纔是第一義的究竟指歸。

以智慧之心開出二諦法輪，又由二輪而發展為四悉檀的度生原則。依據四悉檀的原則，近代以來的佛教大師們開創了新的佛教流派以善順社會的發展，而歷史上的原有的宗派大都瓦解後融入新的宗派。歸納佛教新宗派，大致有以下七類：

一、人間佛教：中國佛教協會根據太虛大師人生佛教的精神，提出以人間社會為主流的「人間佛教」思想，倡導世界和平、社會道德、人生互

愛以及「莊嚴國土、利樂有情」等具體的、現實性的佛教實踐。

二、生活佛教：星雲大師等提倡佛教爲人類生活提供精神素養，主張佛教徒生活的人間化，爲積極的慈悲主義。

三、實證佛教：元音老人等主張，佛教徒應在一生的努力中，達到開悟正道的目的，以其親身的體驗爲人類實證真如、實現圓滿的人生提供經驗。其他如密宗的紅、白、黃各教也都致力實證的實踐。

四、修養佛教：耕雲大師提倡安祥禪，爲人類的精神修養指出了一條極爲微妙的新路。

五、科學佛教：以人體科學爲核心，開展人體有關方面的研究，以佛教理論與實證經驗爲指導，盡量挖掘人體的潛能。

六、經懺佛教：以世俗化應付普通信徒爲主，進行念佛活動，以祈求人生的福祉，以及消災避難等。

七、淨土佛教：以近代靈岩山印光大師的淨土思想爲核心，展開了淨土法門的普度事業，使衆生臨終得以往生蓮邦。

四悉檀發展爲佛教宗派，而各宗派又以何爲歸呢？它的回歸處正是當今國際上人們最常用的一個字——「禪」！因爲所有的宗教形式、教義以及社會各團體的主張與思想，都是具有其本身所決定的範圍與限制，唯有「禪」既不屬一切，又包含一切。「禪」已成爲人類一切智慧與美德，以及心靈最適當狀態的代名詞。

在中國、日本以及歐美各國掀起的禪的熱潮，已經使不同政見、不同宗教信仰、不同身份的人們，不約而同地投入了禪的世界，他們通過學禪、坐禪、悟禪與用禪，開發了人類心靈上最珍貴的寶藏——安詳、智慧、慈悲與真實。因爲禪的自主、解脫、安詳、快樂，以及生命的活力在「日日是好日」與「新新不已」中，人類的未來將走向和諧與互利。所以，不論是禪的精神或禪的形式，都將攝歸一切宗教與文化的優點，而重顯人性的美德。

大量悟入「禪」的「明心見性」者，將會在其活動範圍內把禪的生命再次投射到周圍的千萬大衆的心中，使未來人類社會在光光相映中，得到理想化的生活與最究竟的歸宿。由此可以預言：在今後數百年的地球上，拯救人類劫難與困境的必是「禪」的精神——以中國爲中心的東方之光。

如何解決人在社會的諸問題？佛教如是說，禪者如是說。當覺醒了的人們心中擁有「禪」時，一切萬法必將導歸於無所不在的「禪」而富具生命力，一切的問題也即消融在空靈妙心中，在生命的低層也必將發出智慧之光、慈悲之光、莊嚴之光與幸福之光。無盡的「祥光」照亮自己的同時也必將照亮一切衆生！

你有煩惱嗎

大千世界，芸芸衆生，無不沈没在無邊無際的煩惱苦海中，無依無救，任憑業風識浪的狂擊與鼓蕩，因爲不知彼岸，不明方向，所以大都自甘沈淪，難有出頭之日。人性本具佛德，莊嚴之境，極樂之心，原來現成，祇有被無始無明煩惱所迷，對境生心，染著不捨，就此漂泊，無有止息，因此，娑婆世界即是堪忍苦難的所在。

凡人均有煩惱，這本是極明顯的事實，但許多人因爲没有智慧，不知煩惱是何物。如一老太太在寺廟裏與人聊天，我問她：「你有煩惱嗎？」她說：「我有子女供給，一切都有，還煩惱甚麼？」「那麼你没有貪、瞋、癡、慢、疑了嗎？已經消除了身、邊、見、戒、邪了嗎？了斷了大隨、中隨、小隨的煩惱了嗎？」這位老太太祇知生活條件差了，心裏煩了纔是煩惱，而不知心未空淨正是大煩惱，因此，終日隨波逐流，被境所奪，漏失本性功德，於是時時煩擾自性，念念惱亂衆生，生滅不斷，此起彼伏，還說自己沒有煩惱呢！

仔細分析現實中煩惱的類型，大致可以有這五類：

一、因爲不明教理，終日以世俗的觀念在佛門中來去，而不得要領，沒有下手的方法，所以被他人所轉或妄求世福，久久心地不安，故生煩惱。

二、因爲環境不利於修行，或被工作、生活所迫，沒有時間修行，心中渴望有閒靜的地方，好坐禪修行。但是目前無法達到這一理想，故而煩惱。

三、希望自己早日成就，但不得其法，不遇明師，以及障緣太多、習氣難轉等原因而不得成就，因此而心生煩惱。

四、認爲自己的宗派法門最好，師父最有德，自己的見地最正確，修行最如法，但是別人不承認、不能統一認識，於是心生煩惱，甚至與人生發諍論。

五、由於發菩提心弘法利生，做佛教的事業，雖然發心很正，或者因緣的不適合、或者他人的誤解、或者自己的習氣，他人由此而毀謗打擊，反生障礙。因爲他人不理解弘法的困難，不明白自己的用心，故生煩惱。

如果你有第一類型的煩惱，那麼一定要多聞熏佛法，聽善知識講經，看一些入門的佛法，明白學佛是怎麼一回事，然後依正法隨分修學，放下世俗的觀念，把散亂的心攝入正念中，逐漸改造自己的人格，開發佛性的覺智。同時要有眼光去親近有緣的善知識，依止進修；利益那些十分需要幫助的人，使其解脫煩惱。做一切事不損惱衆生，拋棄一切無義利的事，自心又不能有染污，使心地光明清淨。這樣久而久之，必能入於佛法正道。

假如你有第二類的煩惱，千萬不要著急，焦慮、應當以安忍不動的心去面以現實，時時在動用中覺悟自己，善對他人、使工作、生活等一切過程都成爲修行的方便。如在動用中透過得來，沒有麤重煩惱，其力用會更大，將來弘法利生必能勝任。隨著福報的增加，以後還會有更好的修行因緣到來。所以要切記：「道在目前」，「日日是好日」的禪道名言。

希望早日成就，這是每個修道人的心願。但是成就與否完全要看你所選擇的目標與所走的路是否正確，同時還要看過去的善根、福報和現在的因緣時節。因此，第一，不可强求；第二不必期望過高而入妄；第三成就歸於心地，不向外求；第四日積月累，行在當下，故不可計時日。明白了成就的道理，當然要依明師。淨土宗人信願念佛，專一不染，也能由此一門深入而成就，所以法的抉擇要看於自己親切否？如果一一都符合自己的安詳正念之心，那麼，將來的成就也必在其中了。唯須注意的是不可朝三暮四，而使心不安寧，能得一法而安身立命乃至歸於無所得，方有成就的一日。

佛法是平等之法，依師而得法，依法而得定慧，因定慧而心燈明，燈明可以照衆生之暗而解衆惑。因此，如果你執著了師法說明你還未入門，心燈仍未點亮，所以還須加倍努力用功，學修全部師法，透過心境，圓融不二，到此方知法法平等，無有高下，心量廣大，明照無餘。此時對一切有緣衆生均可方便教化，隨機指點而不執著任何宗派知見了。如此融攝了大衆的心，也就不會有認識上的對立與矛盾的煩惱了。

至於你做弘法利生的事，必是爲衆人之首、爲衆人之勝的佛門法將了。因爲所處的位置重要，影響深遠，一舉手，一投足，都發揮了不可估量的作用，那麼衆人對你的要求、期望當然更高了。有些人因你的名譽、地位而生嫉妒的也在所難免，而有些事因爲他人不在位而不瞭解，產生誤會也是必然的事。對於這一切都應視爲必然的現象，練習度量與寬容之心，不退大志，依然精進做一切弘法事業，經過長期的考驗，衆人必會真正明白你的爲人了。

在弘法時產生了某些煩惱，如果太累了，就需要暫時休息一下，可以去散散心，以恢復體力，精神；如果緣分太惡，阻力太大，干擾太烈，不防婉拒而不納，了緣而不隨，以保持自心的平衡；如果事情太多，心念已散，則可以歸心養定，重新恢復慧照之力。

總之，弘法事業不是一件簡單的事，應做到以下四點，方保無虞：

做自己的事業，結有緣的大眾，

行無為的大法，導時代的潮流。

以上敍述了煩惱類型及其解決方法，祇是藉以引入自我反省與開解心結的一個途徑，能不能在學佛之路上，不斷前進，成就道業，關鍵在於能否善用以下四層的修養工夫：

研究煩惱麤細差別善巧加以對治，

了悟心體性淨明空靈知相應不昧，

顯發菩提悲智道心方便成就事業，

圓融空有性相如如中道妙覺究竟。

佛家養生之道

歷史悠久的中華民族，儒、釋、道三家都有系統性的養生之道，且在無形中影響著千百年來中國人的生命觀與人生修養及道德標準。這種優良而深厚的文化傳統，理應使我們更加珍惜它的價值，並善加運用。

三家養生道中尤以佛家養生之道最爲徹底，最爲切入人生。佛家養生法是以智慧作真實的觀照，然後直接應用於生命本質的回歸與生活極樂的體現。因此，佛教自始至終都洋溢著生命的熱愛。爲了解脫身心疾患與痛苦，生死無常輪轉的侷限，以及受小我意識支配的困擾，釋迦牟尼佛的一生，都以自己所徹悟的宇宙人生的真理，而從事教化的偉大事業，期使弟子們超越煩惱生死，達到涅槃的彼岸。因此，在煩惱的根除，業障的淨化，身體的調治，行爲的規範，思想的修養，心地的智慧，平等的光明，以及利世的慈悲方面，——均施予大衆以養護生命的真諦。

衆生的煩惱痛苦，來自於無知與執著，所以佛家的養生關鍵，在於開智慧、悟真理、破私我的執著，轉法理的拘泥，使人人從根本上顯明人性中的貞妙之德，開發潛能，使身心康健，壽命延長。

佛家戒、定、慧三學，是養生之道的重要部分，其中戒律生活是凡夫符合聖德的道德規範；禪定是身心平衡與寧靜的修養；智慧是覺悟真理，掌握因果規律，觀照人生實踐的根本。此外如持齋可以慈悲人心；節食能排宿垢以清臟腑；念佛使人心印佛德；持咒是爲清淨身、口、意三業；禮佛可以化我慢健身腰；經行可以散血氣；讚誦可以暢心志；六度可以順法性、除六弊；四攝可以和衆生而利樂，如此等等皆方便中事。

要論佛家養生的要妙。唯有空字妙訣。「於事無心，於心無事」，知萬法緣起故空，知本性清淨故空，知身心不二故空，知生死一如故空。空者非空無消極之義，而是積極向上的光明銳氣，空是大智慧，空是金剛王寶劍，空是融攝萬有的大寶藏，空是生生不息的大自然。因爲空故，順逆不動；因爲空故，苦樂不計；因爲空故，冤親平等；因爲空故，時空無礙；因爲空故，身心自在。

由此之故，空是最高的人生修養，佛是空王，寺爲空門，如能在人生路上時時與空相應，則「日日新月月新」，則「日日是好日」，則「日面佛，月面佛」。人生的樂趣，生命的價值，盡在空淨妙明中包含無餘。

我們現代人如果注重生命的價值，欲以養生之道而成爲有德之人而利樂於世間，那麼，必然要破除貪錢財、縱情欲、行弊惡、耍陰謀的壞習慣；要放下手中的麻將，放下摸彩票的手，放下手中的酒與煙。當一個人因爲養生離開鬥諍與冤結，離開自私與多求，離開盲目與執著，那麼他就能親和天空與海洋，親和大地與萬物，親和善人與美德。當親和無間的心安身立命時，和光同塵而身心超然，以無喜無瞋的修養，隨緣地在日出日落的生生不已中，去爲大衆點燃一盞心燈，共耀在繁華的夜空中。

體驗與信心

學佛修道，如果沒有一番體驗，也就沒有真實的信心。來自於體驗的信心，纔是鞭策道業、鼓舞向上的人生實踐的動力。因此，做爲現代人，應當力求在體驗中建立信心，在信心中領悟佛法的受用。然而因爲人的宿根不同，或因職業、愛好與人生遭遇的差異，對於佛法的體驗也必然各不相同，正因爲這種體驗是個人的心得與佛法的交融，所以纔顯得真實與可貴。更由於依個人的體驗所建立的信心有其內在的差異性，所以每個人心中都有屬於各自的佛法，依賴這各自的佛法而形成的共同和合，便融入了平等的法界性，成爲整體而圓滿的佛法。因此，佛法是屬於衆生的，沒有衆生的心地的開啓與覺醒，佛法便失去了它的價值。

感應中的體驗與信心

一位醫學界老教授，在一九八八年去五臺山度假，在佛殿上瞻仰時，看到釋迦牟尼佛正在對著他微笑。慈悲之眼似乎在說：「你應該皈依佛門了。」他看著，突然悲欣交集，內心感動地忘了一切，眼淚止不住地流了下來：「啊！佛陀實在太偉大了！」久久、久久地仰視，忘了身心世界，忘了過去的一切，心靈進入了一片的慈光之中。從此以後，他深感佛法不虛，佛光無量。真實的心靈感受使他產生了堅定的信心，並在學習佛教教理、明白教義後，出家爲僧了。

來自於自身體驗的感應，在心靈上喚起了一種共鳴，這種心靈一旦啓開，比一切說教力量都要大得多，因爲正在感應的一剎那間，他已進入佛法了，他已真實親切地感到了佛陀在召喚他，而他正因爲此刻的覺醒，便明白了人世間那些是虛妄的、那些纔是真實之道，故而最終皈依三寶，出家爲僧，以了卻人生的最大心願。

當她會悟時，他親切地笑了

筆者在一次講授《法華經》時，聽者、講者都進入了法華會上的神聖而莊嚴的意境中，忽然一個女居士笑了，笑得那麼真切、那麼直接，她笑個甚麼？後來她說：「我已在聽經時會得了聽經的那顆心，從此之後知道如何用心了。」

像這樣的事例不勝枚舉，很多人在聽經論或聽開示中，專心致志，進入意境，便獲得了久已遺失的那顆摩尼寶珠，於是了知法的自性，會悟了心的妙用。正是這種會悟的體驗，就在剎那間真實地領受了佛法，使之在生活中常常體現那一種親切的覺醒，而正在這種體驗中，信心便一直不退，使他在學佛之路上一步步地深入下去。

佛典自有無窮妙趣

一次，一位在佛學院任教的年輕法師告訴我：「現在纔真正相信佛法是不虛的。」爲甚麼出家數載，擔任了教學之職的法師到如今纔信了佛法？原來他昨天閱《指月錄》時，慧眼頓開，安然直入，覿面相逢了，所以如今驀直真信佛法不虛了。

像這位法師直接相應地閱讀佛教典籍，是真正閱讀佛典了——如數家珍，銷歸自性。體驗了佛法，領悟了自心，於是信心便不期然而自生了。所以從此以後，他無論是上講臺或揮筆疾書，無不由此體驗而流露，也無不貫穿著那一股無盡的信心之力，於是道味恆在，聽者、講者一一都融在法喜之中。

看經不能向外看，須是會得自家主。會得自己了，也就消得萬法而無滯了。正像清華大學一位廖姓研究生來信說，每當他讀到《禪》刊裏登載的元音老人著的《略論明心見性》與耕雲大師的論著時，心中頓覺親切，法味無窮，此時對於修道向上的大事，使有了立志證悟的大信心，盡此一生也不退失菩提大願。

古來很多學道之人因閱經論而開悟，究其原因還不是在直接薦取的時候，體驗了這一剎那佛法的靈妙之光嗎？更因爲肯定承當了這一剎那的頓悟，而樹立了堅固的信心，推動著法輪常轉，掃蕩習染而成道業。

快樂無窮的老太太

筆者在瑞岩鎮講淨土法門後，一位安詳持重的老太太對我說：「我每天念佛打坐六小時，打坐時祇有佛號在心，別無雜念，身心都很輕安，平時心中也無煩惱牽掛，偶然生病，祇要一打坐念佛，病就自然消除。現在心裏非常安寧快樂，所以對於淨土法門很有信心，相信臨終時能往生極樂世界去。」我聽後很是贊歎。像這位老太太專心虔誠地念佛求生西方，他雖然不懂甚麼高深的佛教妙義，不知其他甚麼玄妙的修持方法，祇是老老實實地持念名號，把他這一顆心歸入到西方去。正是這一種專心致志，信心堅固，放下一切，求生西方，使其真實地體驗到佛法的偉大，不使他在晚年的生活中真正領悟了佛法的受用，那一顆用佛號莊嚴的空靈的妙心，不是時時在放光嗎?所以佛法没高低之分，没貴賤之異，祇要真能放下一切，一心修去，三昧現量的正受，總會呈現在眼前的。那時，不由你不信入正法，契而不捨了。而真快樂也就時時陪伴著你，所謂秒秒安詳了。

忙中無住解脫心

一位在中學任教的教師，自從皈依了傳印法師後，逐漸明白了佛法的道理。但是教學的重擔，家務的牽累，一直使他的心不得安寧舒暢，後來終於領悟了修道不在事上，而是心的解脫無住，因此儘管教學備課，處理家務，心中仍是安詳自在。而當他在忙碌過後，坐在屬於他個人的小房間時，心地更爲明朗清虛，深深地感受到解脫的體驗，於是對於佛道的上求信心十足。他在給我的信中說：「我現在纔真正地感受到佛法的真實妙用，這解脫的受用，使我在事業上、生活中，一直處在受用豁達的地位，不再受環境的束縛了。」

人在社會生活中，總是要應付很多事情，如果認爲撇開一切事情之後纔能學佛修道，那你有可能一輩子也沒有機會體驗佛法了。祇有珍惜每一秒的目前，不放鬆剎那的觀照，透過一切事物的細繞，擺脫一切情見的干擾，那麼，心靈就會呈現一派天真與明朗，解脫之感就會自然出現，到了此時，你纔會說：「佛法不吾欺也！」

由氣功內景到佛門

筆者幾乎每天都收到來自氣功界朋友的有關詢問弗法的信。他們或是在氣功修煉出了些問題，或是想抉擇一下新的適合的功法，而更多的則是因爲氣功把他們帶入佛門，希求進一步地深入瞭解佛法的真義。

一位氣功愛好者在打坐中進入忘我禪態，忽然在空明中見到了觀世音菩薩坐在蓮花中給他摩頂，頓時身心清涼。從此體驗之後，他深知菩薩的慈悲，而產生了對佛教的信仰。他來信談及自己的體驗，並提出今後如何修學時，我回信說：「你在氣功內景中感受到了菩薩的慈悲，這是你善根的發現，應由此而生起真實的信心，並應皈依三寶，放棄氣功之行而修習佛道。」爲甚麼要放棄氣功？因爲氣功的見與行都落在世間五欲上，不是執身壽就是著氣與樂。雖然能因爲修習而產生與佛教相似的效應，但由於落處不對，所以不能引發解脫正智與慈悲的正行，也就是不可能得證真實的道果。因此，從氣功界到佛門的朋友，切須掃除氣功習氣，一心安住在佛法正道上，方能獲得大成就。而由氣功的體驗引入佛法，生起信心，這是很可貴的，應當進一步深化，努力進修，方得大成就。

他塑出了一尊佛

一位塑佛的工藝師林居士，在他信仰佛教後，一天早晨起來打坐修法。起初對於佛是不是真有，是否有六道輪迴，他是將信將疑的。一天早晨他在打坐時，忽然身心世界一齊消失，心地豁然開朗，明明了了，一念不生，正在此時，一尊似乎是他所塑的佛像在空中放光，廣大無比，潔淨莊嚴。而他的心沒有彼此，不落對待，祇是一片虛明之中的自然呈現。下落之後，他明悟了，佛是心造，六道也是心造，心淨則生淨土，心染則入地獄。真能虛明朗照，此心非佛而何？由此體驗，他深信佛法不虛，並時時以此信心去體驗生活，去應付一切。知道修道就如塑佛，祇要時時處處如佛之三業清淨，將來必能圓成無上的佛果。

重返過去心猶昔

不少禪師都說：「難得一枝好香。」因爲有人坐一個時辰的好香，體驗了那真實的境地，啓開了本性的智慧。致使他永生難忘，受用不盡，並一直鞭策他開啓悲願，利樂一切。

一位老居士說：「我曾在躺著時，領悟了那一片清淨，所以至今信心不退，時時明鑑。」

一位學佛數年的女居士說：「我曾因打坐完畢之後，站在寺院的庭院中凝心靜住，頓時身心兩空，光明朗發，一時心地安詳，覺智不昧；後屢屢重現，使人生大得受益，煩惱不起，習氣亦漸漸轉化。」

一位經常在居士林幫助做事的老太太說：「我去年因爲放下塵緣，一心念佛，三次打坐時打失身心，佛號明了，一片安舒與安靜無以形容，故如今心情安詳，更無煩惱在心，衹是時時念佛，並以法味資神。」

一位孀居的中年居士說：「以前念佛因爲戀著家庭，總不得妙趣，後來丈夫往生了，就看破世情，一心念佛，在去年一次打七中，因爲心境十分寧靜，佛號便從心中自然流露出來，並漸漸地忘了坐在何處，是甚麼人在念佛，但佛號仍是明了現前，一感覺時，就過去了兩個小時。從此之後，無論是打坐、臥牀或站在那裏，祇要一提起佛號不久，就身心空淨，祇有佛號明明了了在念了。所以我現在深深感到佛法真實不虛，利益廣大，看見那些身在佛門而不修行的人，深爲他們惋惜！」

以上的幾位修行者，都在「一枝好香」中體驗了佛法，儘管深淺不同，保護有異，但都從此而生了真實的信心，也展開了學佛修道的人生實踐之路，而使這一生得到無盡的受用。所以我們應知道發願往生西方的人，平時應有一心亂的體驗，因與佛感應道交後，信纔能真，願纔能切，而行持自打成一片，時時不昧了。

體驗處處有，祇是不悟知

有人説：「以上的體驗我都没有，那我怎麼生起信心呢？」其他體驗佛法乃是處處都有的，祇是你不去觀察領悟，所以没有深入而已。譬如説有幾點：

一、你閱讀到別人的感應事蹟時，你是否也欣欣然生起信心？趙州寺的佛像動了，你怎麼想？法門寺的舍利放光了，你怎麼想？凡此等等，你是否真能感動而生起信心？

二、你生病了，或看到別人生病、死亡時，你是否立即感受到人生之苦？明白了佛説苦諦的真實義？是否能生起即苦了脫的修道信心？

三、你在閱經聽經時，是否曾有過共鳴，是否曾喚醒過那一顆沈迷已久的佛心？你是否曾在生起親切之心後，又把那剛剛萌芽的信心打失在無盡的俗事上？

四、念佛打坐的感覺如何？是强迫自己念呢？還是深深地被念佛的法味所吸引而常常樂此不疲呢？當你真實地感受到佛號的力量時，不是就有了體驗了嗎？信心不也就在此刻樹立起了嗎？

所以，體驗佛法可以説無處不有，祇是我們沒有時時觀照，因此不悟知罷了。

體驗千差信心異

體驗是鏡子照物？還是幻燈現影？那就得看各人因緣與智慧的不同了。所以不是所有的體驗都好，也不是所有的信心對修道都有利。因爲體驗正與邪、淺與深、相與性、妄與真、智與識、體與悟、道與俗等等的千差萬別，正因爲個人心識反映的不同與實踐法門的各異，所以在心靈中喚起的信心也不盡相同。

但是，不管體驗的情況如何，都務須引入正信。而引入正信則應與聖言量相符合，所謂印證此信心，成就一切法也。一個真正明眼人，在引導後學時，便重在信心的引導，使佛種純正，道芽萌發。

氣脈把她引入歧途

一個學佛近五十年的女居士，因爲看到某居士的文章中談到氣脈未打通的人，不可能得禪定、證三昧。於是她就轉而觀察自己的氣脈，覺得還沒有通，便懷疑自己平時的安寧是否可靠，繼而急急忙忙地去尋求打通氣脈之法，又以氣脈通相來觀察他人，起分別工夫好劣之心，又於坐中著身氣之受，如此不久，心地反而更亂，工夫不僅上不去，還落個懷疑自他的後果；由身體氣脈的體驗上，信心轉移了方向，不是在三寶的功上建立，不是在心地清淨莊嚴上建立，而是建立在臭皮囊上。如此一來，當身體較好時，則以爲道業有進；如果身體生病或體質變差時，則往往灰心喪氣，以爲道業又退轉了。這種把體驗都放在身體氣脈的修行上，他的信心就不能堅固恆一，修道就沒有力量，而心中的煩惱習氣也不可能真正解脫，因爲「身見」乃五見之首，萬惡之源啊！

他們在忙甚麼

前年甲師最好，去年則乙師最妙，今年纔識得原來丙師更佳，於是百千位而上之，百個心而投之。師門不厭其高，法門不厭其精。美其名說：「求道不倦！」而問他們甚麼是真正佛法？如何纔得安心進道？則曰：「佛法那有那麼簡單？進道談何容易？先須卻一切疾病，練得身體健壯，次則獲長壽延年月，得久保色力。然後享用自在，名財都要，得福報。如此諸緣具備，纔談得上安心進道！」

由此而觀，他們忙著求師學道，原來先爲得眼前利益。體驗如果都在這些上，那麼貧窮之人，忙忙碌碌之人，未修之人，患病之人，豈不是都不能修道了？

如果修道都注重在眼前的利益，而不重視心地的清淨，那麼到底解脫出世的勝果建立在何處？真實的體驗又在那裏？由此可見，依賴眼前利益而起修行的，所有的體驗與外道相等，所有的信心都是虛妄的業緣，其最終仍是莽莽蕩蕩，遭殃禍去了！

謗佛原是學佛人

這是一對十多年的夫妻，由於驕傲自慢，没有虛心求學，自以爲懂得佛法，善於用心。因此，固步自封，煩惱不斷，習氣孳生，於修禪打坐中不得真正法樂，體驗毫無。近年來氣功的興起，他倆決定一試，果然身輕心安，氣色好轉，於是一改以往拜佛誦經的功課，轉而專練「鶴翔莊」氣功了。不僅如此，逢人便贊氣功之妙而說學佛無明，而其結果呢？因謗佛之罪，致使氣滯心亂，障重境逼矣！

佛法乃是圓滿之法，學佛無功，不能歸咎佛法，而應反省自己，觀察進道。而氣功雖可以轉化一時的滯礙之身心，但終因著其氣感，執其身見而落病，更何況兼有謗佛之罪業？

所以學佛之人，如果用功修法沒有體驗，不得安心時，應謙虛下懷，求諸善知識的開導，更應懺悔業障，廣行善業，如此久久，業清智朗，法味自然呈現，此時真實的信心便得不退了。

一個還俗和尚的自述

和尚還俗乃是不光彩的事，而作爲師長，未能幫助他體驗佛法，樹立信心，則更應自責。某師原是某大寺院的比丘，喜練武術，出家、進修，都還帶一片虔誠的求道之心。去年，筆者聽到他這一番自述：「我出家五年了，但在寺院裏沒有人指導我用功修道，僧人之間並沒有融洽感，一些領導根本不重視僧團的建設，不考慮僧人的慧命，所以愈來愈覺得沒意思！」

今年上半年，我聽說他已回原籍還俗去了。當然，他是有理由的，寺院存在的問題，致使僧人不能感到他在這裏是主人，且能成就一番修道成佛的大事業，而似僅爲溫飽混一口飯吃，所以他的信心退轉了。在沒有體驗之下，人人都有這種可能。但是他也有錯：可以到適合的寺院去呀！可以去拜一位有緣有道的師父去呀！正如一位學僧來信說的：「我出家前非常羨慕僧人的修道生活，乃至現在身在其中，卻感到是非矛盾仍然不減世俗社會，也非是一片淨土。」我回信對他說：「真正的淨土在你自己心中，祇要不污染於外境，不生煩惱妄執，那麼，你就在淨土中行了。假如你力量不夠，不適合這個地方，那麼你可以去尋找有緣的寺院去修道。但是既已出家，千萬不要再生一念還俗的念頭，要盡形壽持戒清修，誓成佛道纔行。」

是啊！出家很難，但出家而沒有修道的體驗則更難——內心的煩惱痛苦，外界五欲的誘引，此心何安？所以既已出家，要尋求明師與道法，使自己安心進道。當有了真實信心時，無論何種境遇也難不倒了。

不見境界不死心

一位年居七十，學佛十多年的老居士說：「你們修道都有境界，都有反映，我卻沒有，是不是我的根器不行？是不是我與佛無緣？所以，總覺得不死心，一定要見到境界了，我纔有信心！」

以這樣的見解去學佛是大錯特錯了。因爲境界有兩種不同，一是外善根開發，一是禪定與智慧的開發。是沒有一定形相可見的。所以古德講：「沒有境界的境界乃是真境界！」如果明白了此理，不以相求，時時體驗現前一念之心的落處，轉惡行善，轉有化空，使心地一片清涼，如此體驗不是與佛相應了嗎？怎麼還不起信心呢？所以我們千萬不要在境界相上去追求，一定要安心進修，清淨離著纔行。

天下唯我獨尊

佛當年說「唯我獨尊」時，此「我」乃指一切衆生同具的佛性而言，蓋天蓋地，無法不具。而現在有些人，在修法中初得幾分消息，有一些些相應，便以爲自己的體驗勝過他人，遂建立了相當自滿的「自信」——成佛有餘了！但不知你在體驗此境時還有個你在！還有個高低在！故仍是大海一漚的自執，未全大海而已。故此自信便生出了驕物傲人，臨對人說法時，居高臨下訶斥指責，如此一來又跳到邪道中去了。

一個真正悟道之人，其心必然平等，見一切衆生不生二想，爲人做事，平常而應，處處予他人以方便，時時從無住而照理。祇有如此纔算是體驗法性，明見本來之人，以此而立的信心便與諸佛合轍。反之，自以爲是悟人，清高自居，法見不忘，不是又落在迷人隊裏了麼？

如何體驗佛法

如果你還是門外漢，希望有一天能進佛法的堂室，領略佛道的法光，那麼你先要把世俗的情見放下，懷著一顆真誠的心去感受——無論在經論中、在善知識中、在寺院中，都會有啓迪你心扉的機緣，使光明進入。如果你初步進入佛法了，信心也剛剛萌芽，心中渴求法雨的滋潤，正道的行進。那麼，你就必須尋師依止，覓法進修了。有一位剛剛學佛不久的蔡居士的求道之心，很值得我們參考。他在信中說：「我曾在中學任教，今改行在機關工作，年三十有二。曾練過功，終因無師指導而半途作罷。但在氣功中接觸了佛教，接觸了禪宗，引起了我探究之舉。通過閱讀佛教普及讀物及一些經書，然後知道佛教揭示了宇宙人生的真相，指導親證真理的方法，是度我們這些迷失在茫茫苦海中的衆生到達彼岸的大舟，因此而產生信仰。此後我訂閱了《法音》、《禪》等刊物，閱讀一些富有啓發性的通俗禪籍，特別是閱讀了耕雲先生的《安詳集》後，我發現了一個嶄新的天地。禪書所述的美妙安詳的境界，常使我產生不可名狀、清涼酣暢和愉悅之感。禪悟的境界太美了，引發了我追求禪悟境界的濃厚興趣。但禪是要親修親證的，不是『口頭禪』，於是我按一些書籍介紹的方法去修習，但是學法不依師承，難得正眼，亦難獲正受。今年我在《禪》上拜讀元音老人的鴻文《略論明心見性》，得知有『心中心密法』這一殊勝法門。文中說該法簡速易行，與禪相近，而且無繁複儀軌，不須建立壇場，任何人隨時隨地俱可修習，用三年時間仗佛加持，可以開悟，此法令我神往不已。但老人曰：『此係密法，有志者請覓師灌頂傳授，依之修習，自有是處。』」

「唯此地情況特殊，難得機會親近佛門大善知識，然而『心中心密法』太令人神往了，我很想修習這一法門……」

這位蔡居士從氣功而入佛，起信心而求大法，這種精神是很可貴的，終能得到滿願的。

在修道問題上，師父、法門與能修之人，都應一一以正見去擇抉，然後一意而行之。故智者大師曾經說：「修道之人，第一是不要懷疑自己親近的師父；第二是不要懷疑自己所領受的法門；第三是不要懷疑自己的根性，應承當自己的佛性與佛不二。」有些人總是懷疑眼前的師父沒有道行，而欲求遠方的師父，乃至拜了遠方的師父，又覺得：「也不過如此！」須知師父祇重先有正見、正行，所授的理法能親切指示，行持無滯即可。對於法也是這樣，一般人總是懷疑自己已掌握的法不高妙，一定要另尋一個高妙奇特之法，這樣修一段時間後又變個樣，始終不得受用。所以祇要法能當機，能安心進道就是妙法。又對於自己，往往祇高標其世俗的情執——如執教理通達爲高，執坐久爲高，執身體練健壯爲高，執有光明爲高等等，從未尊重本具的佛性：成佛成祖的靈妙真心；因此說成佛卻說不敢，論開悟見性卻說太難。如此不相信自己的根性，而執著在六根光影裏，如何能深入體驗佛法呢？

體驗的護持

無論你獲得何種層次的體驗，都需要保護堅持纔能勝進。

一、得到了體驗時，不作聖解，不以爲高妙，祇作平常想，不住著在體驗上。

二、不向人稱揚自己的體驗，不隨便與人比較體驗的深淺。

三、不被世俗的事所轉，不動煩惱，令此體驗所產生的信力長久保持，並不斷開啓。

四、不以妄情知見附在體驗上，應進一步在明師指導下，或在經論中引向更深妙的層次中去。

常見一些人，修法得到了某種體驗後，對未具眼的人一說，往往稱贊一番，或者亂說一通，好了，心中一高興，一落見，根塵又起來了，於是從此之後不再恢復此段光景了。信心也祇停留在此地。

如何培養信心

學佛人一旦有了體驗，當然，信心也就不期然而生了。但是這種信心還是萌芽初期，如果不經過培養，仍會在境風中倒下去的。

培養信心須具以下十法：

一、不與不信佛之人諍辯，免得因諍論，而影響信心的親切。

二、不與信心不足的佛教徒交往，免受其消極心理的影響而退卻。

三、不接觸身居佛教要職而不行菩薩道的人，為免受其俗氣的影響而對修道失去信心。

四、要經常親近有真實修證的善知識，如不能見面也須經常去信問候與提問，以求堅定信念，明確方向。

五、要常常與經論對照，作如理思惟，以喚醒知覺。

六、堅持打坐修法不退，以使體驗更加深刻。
七、要以佛教徒的精神做好一切事，對周圍產生良好的作用。
八、不斷開拓菩薩慈悲精神，心量廣大，愛敬一切。
九、常觀現前一念之心，不落妄情妄知，自省覺察，不染諸法。
十、心地安詳，無爲無住，怡樂資神，道味有加。

體驗與信心的相應行

學佛修道表現在體驗與信心的兩個方面，是並駕齊驅的，開始時是體驗生信心，信心護體驗，到了中期也是體驗與信心相互作用，穩持而不斷深入，到了最後的圓滿也是體驗與信心的統一與充實。

所以就行人對於教、理、行、果的體驗來講，雖然層層不同，但無非是即體驗即信入。所以信、解、行、證，一一之中，都是不同體驗的不同信入。太虛大師講「佛法從果證上建立」。此乃千古名言。沒有佛陀的親證，如何能相信佛果的真實？其言教又如何能使人相信？其理又何曉人心，其行又何以導入正修？因此，可以說：「祇有真實親切的體驗佛法，纔真實地具有信心；有了真實的信心，纔能真正導入佛智。」現代人學佛修道難道不也是從這條路上邁進的嗎？所以祇有在體驗與信心同時進行時，纔一段有一段的風光，一層有一層的受用啊！

老年人的學佛方法

按照傳統的說法，六十歲以上就稱爲老年人了。在中國佛教徒中，老年人約佔百分之八十左右。因此，如何使老年人在學佛修行的生涯中，沿著正確的方向進取，得到真實的佛法利益，是目前值得重視的一個方面。

根據近年來的調查表明，中國老年人學修佛法有以下幾種類型：

一、經過一生的學修，道業已成，智慧朗發，正以慈悲之心，行教化的事業，不憚勞苦，不慮後事，惟以無住之心廣施法益。這一類是一切佛子的榜樣與皈依處，是弘揚佛教真精神的導師。

二、一生忙於世事，無暇修行用功，到了老年始發心專志修行，或在家庭中，或住寺廟，或與諸居士和合山居清修，一意於道業的成就。此類雖然根基不夠，但因拋棄一切世緣，專心行道，仍有較大的希望。

三、到了老年始知人生如夢，但一生習染深重，仍然放不下來，或累於家庭，或執於習慣，或貪於享受，或迷於愛好等等，學佛不能專一，意境無法開啓，故毫無道力，修行成爲戲論。此類老年人雖言學佛修行，但因沒有真正發心了生死成佛道，故無成就之可能。

四、以求拜心理爲出發，神佛不分，注重於世俗化的佛事，或拜一個師父，或參加一個淨土會，適佛教節日到寺廟裏朝禮一下，遇家庭災難諸事，到寺廟打普佛等。因爲不了學佛宗旨，衹是隨著一己的需求而去信佛，所以根本未入佛門，也就談不上修行佛道。這一類在民間極爲普遍，尤其是在農村和不發達地區，無知識的婦女居多。因其信佛首先是依賴寺廟，而寺廟裏對一般信衆講經説法極少，即使拜了師父，其師也沒有真正對弟子的慧命負責，衹在世俗人情上建立某種特殊的關係。

第一種老年優秀佛子固已隨意自在，故毋須論其修行方法。第四種老年一般信衆是目前社會性的佛教教育問題，乃由佛門弘法大德負其責任。因此，我們要討論的祇是第二與第三兩種類型的老年學佛方法的問題。

依據老年人心理素質與生理狀態及經驗與智慧的成熟度，應該注重於以下三個方面的修養，方能成就道業。

一、了悟人生　百事不管

老年人學佛，因爲有幾十年的人生履歷，及有切身的體驗人間的悲歡與憂喜的經驗，無一不體驗到苦、空、無常、無我的佛法真諦，如今已到了暮年，怎能不回首往事而驀然覺悟呢?那如夢如幻的一場場戲劇，如今何在?那些一向以爲真實的東西也一去不復返了。此刻纔明白人生最大的事業乃是解脫煩惱，開啓智慧，清淨三業。由此了悟，豁然如夢初醒，頓覺大道在即，妄慮潛蹤!

了悟人生，方能放下一切塵緣，一心修習佛法。如《淨土聖賢錄》下册所載百不管老嫗的事蹟：

百不管老媼，失其姓，杭州人。嘗問於孝慈庵道源和尚曰：「修何法門，一生決離苦海？」和尚曰：「無過念佛。然念佛不難，而難於持久。持久不難，而難於一心。汝若能一切不管，專心持名，至誠發願往生。臨終佛來接引，即得離苦海矣！」媼歡然拜謝。歸，即將家事，委子婦等，淨室供佛，修持其中。年餘，復問和尚曰：「自蒙開示，弟子棄捨家務，專事念佛，自問亦可謂久而不懈，但苦一心之難，師當復有以教我？」和尚曰：「汝雖拋卻家務，而兒孫眷屬不無繫念，此則愛根未拔，如何一心？汝今加功，先拔去愛根，將一切放下，然後能得一心也。」媼歎曰：「師言是也！我雖不管於身，不能不管於心，從此真當百不管矣！」遂加精進，愛心偶動，即默持此「百不管」三字，以自驅除。或諮以家事，亦依此三字拒之。於是「百不管」之名，播傳親黨間。如是者又年餘，一日詣庵謝曰：「師不我欺也。弟子西行有日矣！」數日後，無疾而逝。嘉慶初年事。

像百不管老太太，當了悟人生無常，欲求出離苦海時，以身心不管一切塵勞之

事而後纔獲得成就。由此可見老年人修行，要在了悟人生的時候，真正了斷塵緣，方能契證佛法。正如明代張守約居士所云：

物外寄閑身，諸緣任運歇，
不染半點塵，唯念一聲佛。

但在許多老年居士中，我們不難發現，雖然他們在佛教中浸潤了相當長的時間，但仍然執著世味，沈迷凡事，在俗事中忙於應酬，諸事皆管。因爲未能了悟人生故，念佛修行毫不得力，成了「百事管」的俗人，到了臨命終時，必定手忙腳亂，隨業流轉去了。

二、心閑專注　空靈超脫

數十年的生活經歷，艱難的人生跋涉，在老年人的心中已裝下太多的影子，因此，悲歡離合的人生鬧劇，不斷浮現在慣於回憶的腦海中。生活在過去的影子裏而又以豐富的經驗稱能的老年人，往往不甘示弱，不願退出社會，不耐寂寞的生活，所以到了應該休歇的時期，仍舊日夜忙碌，不肯閑下心來；心既不肯歇，則修道之念，必不能專注；既不能專注於道，就不可能進入空靈超脫的境界。

「心閑」是老年人學修佛法的一個關鍵。因爲祇有心真正地閑靜了，纔能洗滌過去的生活刻痕，纔能擺脫由經驗帶來的妄動。所以當心念進入閑靜狀態時，道念纔突顯出來，智慧也就不期然而然地開發流露，於是心地空靈意境超脫，修道的生活就能趨於平淡而無求。道果就在空靈超脫中得到成就。

老年居士除了不能了悟人生，百事要管外，在佛法的學修方面，往往因犯以下三方面的問題而使心不閑：

㈠、偏於經論的研讀

有的老年居士，費了五年乃至十年的時間去探討教禪等理論，形成了一套深刻的見解，但卻不從事實際的修持體驗，因此煩惱不斷，妄想紛飛，使心念不得閑靜，修道的真趣即無法產生，等到想下手用功時，爭奈身體虛弱，精神不振，已經不能從正途起修了。

(二)、偏於繁複的修法

有些老年人不知年歲已大，精力有限，而去學修那些儀規繁多，觀想複雜，次第嚴密，修持艱難的法門，因爲耗費身心精力，心地不得安寧，於是久久不得真正利益。所以老年人宜修簡單省力，養神安心的法門，作爲調攝身心的行持，心念就可閑靜安樂。

(三)、偏於精進的追求

由於意欲的執著，以爲人生無常，老死將至，故不顧一切，一往直前。因爲過於用心，使身心疲倦，精神萎頓，造成心識暗蔽、昏迷，煩惱重重。所以老年人修法宜應適意，不可太過急切，順其身心的自然而趨進，祇要能專注一法，隨時念茲在茲即可，大可不必摧折身心，固執急進，由於精進的追求之意不化除，心地也不可能進入閑靜。不閑靜的精進，正與道悖離，無法得到相應。

「心閑」如果不「專注」一法，也是不能合道的，因爲「心閑」易落放逸，而專注正救此偏。「專注」如果不達空靈超脫，也無法顯無礙慧，證真實道，因爲落於境、法及能修之心，都不能真正契悟中道。所以，「心閑」而後「專注」，由「專注」而達「空靈超脫」，是老年人學佛的第二個重要方面。

三、明師善友　道化無迹

老年人學修佛法，因爲不可能過多地研教，也不允許走彎路，所以最需要明師的指示，以符合於正思與正行。但是由於老年人社會經驗豐富，在求師時往往不能放棄成見，消除世俗的經驗，有些人儘管表面上很謙恭，但內心卻仍固執己見，不能完全隨順師教。如果在求師上做不到真正虛心至誠，必然會在修途中出現許多障礙。因此，老年人不但要求明師、識明師，更重要的是真正依師教悔，毫無妄執地進行暮年的清淨之行。

結交一些真正修行的道侶也是老年人修行的一個重要方面。修行不是孤立的，人與人之間必然會發生許多影響，如果修行人結交的盡是世俗迷執之人，那麼受熏的也是不淨的種子，菩提心就會退轉。反之，假如與真正修行者結成同修，那麼，一言一行，也必然深受啓發，在不知不覺中，道業也就逐漸圓成。

明師猶如帶頭的嚮導，善友好像同行的伴侶，在嚮導的帶領下，我們更可隨著人流毫不費力地到達涅槃寶山，成就道果。

正當我們往前邁進時，也在無形中幫助他人進步，利樂有緣的衆生了。因爲一個有成就的人，開口吐言就是不一樣，能使與他接觸的人得到教益，受其啓示，因而獲得出世的利益。

但老年人的道化，不在有形的建立，執意的追求，應是隨緣無住的。因此，在綿綿無間的行持中，遇到有緣的人，可以方便指點佛法真義，使之悟入正道。如果標新立異，宣示己德，以吸引信衆，使自己處在領導的地位，那麼，名利之心不忘，巧僞之機即生，結果是自欺欺人，不但道業不得成就，且有墮落惡趣的危險。

道化無迹，纔能流顯真正的妙用，因此，拜師也好，結交善友也好，都以道業爲重，並應在隱然間進行，不能沽名釣譽，以取虛聲。在道的教化上，更應無形無迹，無住無爲，如此纔使自身與他人，都相應於空靈妙性而成正慧之照。

從上所述老年人的學佛方法，僅爲筆者的初步觀察。因周圍的老年佛子在學佛中，存在著各種各樣的問題而使道業滯礙於一途，故將其通病總結出來，以顯示老年人的正確修法。其中雖偏重於淨土，但佛教中的各宗各派的晚年修持之旨，莫不與此相通。因此，老年人如能珍惜垂暮的歲月，在了悟人生的同時，放下世緣，百事不管，使心地閑靜地專注於一法，化有歸空，轉識成智，並在師友的提攜下，以莊嚴悲智不二的菩提之心，共行無相的化道。

鵝湖民國學案
呂榮海 賴研 蕭新永 洪文東 周隆亨 潘俊隆 陳蕙娟 陳祖媛等35人 合著
台灣鵝湖書院
老子的正言若反、莊子的謬悠之說……
《鵝湖民國學案》正以
「非學案的學案」、「無結構的結構」、
「非正常的正常」、「不完整的完整」，
詭譎地展示出他又隱涵又清晰的微意。
曾昭旭教授推薦語
華夏出版

老子的正言若反、莊子的謬悠之說……
《鵝湖民國學案》正以
「非學案的學案」、「無結構的結構」、
「非正常的正常」、「不完整的完整」，
詭譎地展示出他又隱涵又清晰的微意。

曾昭旭教授推薦語

願台灣鵝湖書院諸君子能繼續「承天命，繼道統，立人倫，傳斯文」，綿綿若存，自強不息。蓋地方處士，原來國士無雙；行所無事，天下事，就這樣啓動了。

林安梧教授推薦語

喚醒人心的暖力，煥發人心的暖力，是當前世界的最大關鍵點所在，人類未來是否幸福，人類是否還有生存下去的欲望，最緊要的當務之急，全在喚醒並煥發人心的暖力！

王立新（深圳大學人文學院教授）

人們在徬徨、在躁動、在孤單、也在思考，希望從傳統文化中吸取智慧尋找答案；另一方面是割不斷的古與今，讓我們對傳統文化始終保有情懷與敬意！依然相信儒家仁、愛之說仍有益於當今世界。

王維生（廈門篔簹書院山長）

國家圖書館出版品預行編目資料

佛教淨土法要 / 宋智明著. -- 初版. -- 新北市：華夏出版有限公司, 2024.01

面； 公分. --（圓明書房；034）

ISBN 978-626-7296-73-8（平裝）

1.CST：淨土宗 2.CST：佛教修持

226.55 112012546

圓明書房 034

佛教淨土法要

著　作　宋智明

出　版　華夏出版有限公司

220 新北市板橋區縣民大道 3 段 93 巷 30 弄 25 號 1 樓

電話：02-32343788　傳真：02-22234544

E-mail：pftwsdom@ms7.hinet.net

印　刷　百通科技股份有限公司

電話：02-86926066　傳真：02-86926016

總 經 銷　貿騰發賣股份有限公司

新北市 235 中和區立德街 136 號 6 樓

電話：02-82275988　傳真：02-82275989

網址：www.namode.com

版　次　2024 年 1 月初版一刷

特　價　新臺幣 400 元（缺頁或破損的書，請寄回更換）

ISBN-13：978-626-7296-73-8